Gottfried
Stein

Endkampf um Kurdistan?

Gottfried
Stein

Endkampf um Kurdistan?

Die PKK, die Türkei
und Deutschland

Die Deutsche Bibliothek - CIP-Einheitsaufnahme

Stein, Gottfried:

Endkampf um Kurdistan? : Die PKK, die Türkei und Deutschland / Gottfried
Stein. - München ; Landsberg am Lech : Aktuell ; München : mvg-Verl., 1994
ISBN 3-87959-510-0

Bildnachweis:

dpa Fotoreport S. 111; Globus S. 21, 116; Kurdistan Informationsbüro S. 45;
G. Stein S. 44, 55, 68, 88, 105; Privat S. 68; Wolf Ronda, Medico Bilderdienst
S. 175.

Verlag Bonn Aktuell
Juni 1994
ISBN 3-87959-510-0

© Bonn Aktuell im verlag moderne industrie, München / Landsberg am Lech
Vertrieb: mvg-verlag, 80904 München

Umschlagentwurf: Gruber & König, Augsburg
Druck- und Bindearbeiten: Ebner Ulm

Printed in Germany

Inhalt

Vorwort

Die erste Frage an den Journalisten, fast immer gleichlautend: "Wie stehen Sie zur PKK?" Der Konflikt in Südostanatolien polarisiert, auch hierzulande. Schwarz oder weiß, Türkei oder Kurden - wer sich damit beschäftigt, begeht eine Gratwanderung. Beide Seiten fordern bedingungslos Solidarität. Auch die Bundesrepublik ist längst nicht mehr Zuschauer, sondern Partei.

1,8 Millionen türkische Staatsbürger leben bei uns, fast ein Viertel sind kurdischer Abstammung. Es sind ihre Verwandten, ihre Freunde, ihre Heimatdörfer, die im täglichen Krieg im Südosten der Türkei getötet und zerstört werden - auch mit deutschen Waffen.

Tausende deutscher Urlauber fühlen sich in ihrer Lebensqualität empfindlich gestört, seitdem Terror in türkischen Metropolen zum Umbuchen zwingt. Und deutsche Politiker hoffen, mit Verboten und Abschiebungen die Ausläufer eines blutigen Bürgerkrieges außer Landes zu kehren, der längst unsere Straßen erfaßt hat.

Der Terror einer elitären, gewaltbereiten Partei hat einen seit Jahrzehnten ungelösten Konflikt wieder auf die Tagesordnung gesetzt. Unter dem Deckmantel sogenannter Anti-Terrorgesetze setzt die türkische Regierung die Politik der kulturellen und gesellschaftlichen Erniedrigung der Kurden mit militärischen Mitteln fort. Die Menschen in Türkisch-Kurdistan haben keine Wahl: sie sind Opfer einer unbarmherzigen Konfrontation zweier Parteien, die die Bevölkerung notfalls mit Gewalt auf ihre Seite zwingen will. Nicht um einen kurdischen Staat, nicht um Marxismus oder staatliche Einheit geht es, sondern um Frieden.

Der Kampf der PKK gegen die Türkei ist auch ein propagandistischer: Denunziation der Gegenseite, auch wenn sie Menschenleben kostet, gehört zum Alltag in Kurdistan. Objektive Recherche, zumal in konspirativen Kreisen, stößt an Grenzen. Vieles muß unbeantwortet bleiben - wo Fakten fehlen, machen sich manchmal ungewollt Werturteile breit.

Das Buch "Endkampf um Kurdistan?" erhebt nicht den Anspruch, Organisationen, Parteien, Konflikte, Schuldige und Opfer zweifelsfrei zu identifizieren, alle Hintergründe auszuleuchten. Es ist der Versuch, die Komplexität des Konfliktes, den Zusammenhang auch zwischen der Türkei und Deutschland in einer Frage aufzuzeigen, in der wir uns schamhaft für nichtzuständig erklären, weil es um "innere Angelegenheiten" unseres NATO-Partners und EU-Aspiranten Türkei geht.

Wie ich zur PKK stehe? Als ob es darum noch gehen würde ...

Gottfried Stein   München, Juni 1994

Zehn Jahre Kampf in der Türkei

Endkampf um Kurdistan?

Für die türkische Ministerpräsidentin Tansu Ciller steht fest: "In diesem Jahr werden wir sie entweder vernichtet oder ausgerottet haben". Die martialische Drohung der Regierungschefin geht an die Adresse der "Arbeiterpartei Kurdistans" PKK, und die hat den Ball längst aufgenommen: Auch für die PKK ist 1994 das "Jahr der Entscheidung". Die türkische Regierung spricht vom "Endkampf". Der Generalstabschef der türkischen Armee, Dogan Güres, hat für den Juni eine Generaloffensive angekündigt: ein alljährlich wiederkehrendes Ritual, denn im Laufe des nun seit zehn Jahren tobenden Bürgerkrieges zwischen dem türkischen Staat und den kurdischen Separatisten hat jede Regierung in Ankara eine finale Lösung binnen Jahresfrist proklamiert, ohne dem Ziel auch nur einen Schritt näher gekommen zu sein.

Für die türkische Republik wird eine Lösung aber allmählich zur Überlebensfrage - rund 95 Milliarden Mark hat nach Mitteilung von Frau Ciller der "Kampf gegen den Extremismus" bisher verschlungen. Am Bosporus spricht man nicht mehr von "Rezession" und "Wirtschaftskrise", sondern vom drohenden "Kollaps" und "Staatsbankrott".

Kurz vor seinem Tod hat der im April 1993 verstorbene Staatspräsident Turgut Özal in einem vertraulichen Brief an den damaligen Ministerpräsidenten Süleyman Demirel die Kurdenfrage als das "vielleicht größte Problem in der Geschichte der türkischen Republik" bezeichnet. Ein erstaunlicher Satz schon deshalb, weil es nach offizieller türkischer Sprachregelung gar kein "Kurdenproblem" gibt, sondern nur ein "Terrorismus-Problem". Özal aber warnte davor, das Kurdenproblem nur unter dem Terrorismusaspekt zu sehen: "Harte Behandlung", so Özal, habe die kurdische Bevölkerung dem Staat entfremdet. Deswegen müßten die Fehler in der Kurdenpolitik offen diskutiert und realistische Lösungen gesucht werden.

Die späte Einsicht des Kurden Turgut Özal - auch er war einer von vermutlich 12 Millionen Türken kurdischer Abstammung - hat nichts bewirkt: von einer politischen Lösung will die regierende Koalition der konservativen Partei des rechten Weges (DYP) und der Sozialdemokratischen Volkspartei (SHP) nichts wissen. Die Generäle - nicht die Politiker - sind beauftragt, den zehnjährigen, ständig eskalierenden Bürgerkrieg zu beenden. Die türkische Luftwaffe fliegt nicht nur Angriffe auf vermeintliche PKK-Camps im irakischen Grenzgebiet, sonden auch gegen Städte in Südostanatolien. Anfang April rückte die türkische Armee erstmals mit Panzern und schweren Waffen auf irakisch-kurdisches Gebiet vor - vermutlich mit Billigung des dortigen Kurdenführers Barzani. In den mittlerweile 14 überwiegend von Kurden bewohnten Provinzen im Südosten des Landes sind die Militäreinheiten mit modernsten Geräten - Panzern, Kampfhubschraubern, Artilleriegeschützen etc. - weiter aufgerüstet worden. Vor dem Newroz-Fest im März entsandte Ankara zusätzlich zu den etwa 200.000 in den Krisenregionen stationierten Soldaten weitere 150.000 Soldaten und Polizisten (von kurdischer Seite wird die Zahl der Sicherheitskräfte auf mittlerweile 500.000 geschätzt).

In der Hautpstadt Ankara laufen täglich Erfolgsmeldungen ein: Seit Jahresbeginn hätten die türkischen Sicherheitskräfte 1.037 mutmaßliche PKK-Anhänger getötet, weitere 1.976 seien festgenommen worden, berichtete am 24.April Innenminister Nahit Mentese. Bei den Einsätzen im Irak seien 250 Rebellen getötet worden - die PKK habe insgesamt große Verluste hinnehmen müssen. Nach neutralen Schätzungen dürften bei den Kämpfen zwischen Armee und staatlich bezahlten "Dorfschützern" auf der einen und den Guerilla auf der anderen Seite seit Jahresbeginn rund 1.500 Menschen gefallen sein.

Der türkische Menschenrechtsverein IHD präsentiert noch eine andere Bilanz - die Bilanz der Opfer unter der Zivilbevölkerung: Zwischen Januar und März 1994 seien 573 Menschen getötet und 407 Menschen verletzt worden. Bei Bombardierungen hätte es 107 Tote gegeben - darunter 27 Kinder und 21 Frauen, 121 Dörfer seien von der Armee entvölkert und zerstört worden, 35.000 Menschen befänden sich auf der Flucht.

Die Zahlen schrecken schon lange nicht mehr - sie sind kaum nachprüfbar - und sie sind Alltag in einem alltäglich gewordenen Krieg, der Jahr für Jahr brutaler und rücksichtsloser auch gegenüber der Zivilbevölkerung geworden ist. Bereits 1988 stellte das "Helsinki Watch Committee" fest: "Die Guerillas haben Zivilisten, die sich weigerten, mit ihnen zusammenzuarbeiten, rücksichtslos attackiert. Auf der anderen Seite terrorisiert die türkische Armee die lokale Bevölkerung und bezichtigt sie wahllos, die Terroristen zu unterstützen." Das Ergebnis sei, so das Komitee, daß der größte Teil des Südostens unter ständiger Belagerung steht.

Genaue Statistiken existieren nicht - die Regierung und die PKK schönen wechselseitig "Erfolge" und "Niederlagen": an Zivilisten begannene Massaker werden stets der Gegenseite zugerechnet. Vermutlich sind seit 1984 über 10.000 Menschen getötet worden. Eine im März 1993 von der PKK gezogene Bilanz spricht von 8.500 getöteten Soldaten und Polizisten und 2.200 getöteten Dorfschützern. Für den gleichen Zeitraum beklagt die PKK 2.700 gefallene Guerillakämpfer(innen) und 8.000 getötete Sympathisanten aus der Zivilbevölkerung. Die türkische Regierung spricht ihrerseits von rund 2.000 Angehörigen der türkischen Sicherheitskräfte, die bislang im Kampf gegen die PKK gefallen seien (Stand April 1994). Unstrittig ist, daß rund 1.000 kurdische Dörfer in den Bergregionen in Südostanatolien und im türkisch-irakischen Grenzgebiet zwangsentvölkert und größtenteils zerstört wurden - aus "strategischen Gründen", wie Ankara behauptet, um der PKK "ihre Basis" zu entziehen. Im Zuge dieser "Maßnahmen" wurden ca. einenhalb Millionen Kurden obdach- und erwerbslos. Unstrittig ist wohl auch, daß dieser Krieg mit schmutzigen Mitteln und ohne Rücksicht auf die Zivilbevölkerung geführt wird. Nach Schätzungen des türkischen Menschenrechtsvereins wurden in den vergangenen zehn Jahren über 100.000 Menschen wegen des Konfliktes inhaftiert und gefoltert.

Die Gnadenlosigkeit des Krieges zeigt sich auch in der staatlichen Repression gegenüber pro-kurdischen Politikern und Medien: Sechs inhaftierten Parlamentsabgeordneten der inzwischen verbotenen "DEP-Partei" droht wegen "Separatismus" die Todesstrafe. 30 Journalisten der (inzwischen verbotenen) Zeitung "Özgür Gündem" sind inhaftiert, 15 wurden von "Unbekannten" ermordet.

Die türkische Regierung spricht von einer regelrechten "Verschwörung". Das Kurdenproblem sei nicht selbstverschuldet, sondern vom feindlich gesinnten Ausland in Szene gesetzt worden. Unter den Schuldigen im Ausland macht Ankara sämtliche Nachbarstaaten mit Ausnahme Bulgariens aus. Zu den Schuldigen zählen aus türkischer Sicht auch westeuropäische Staaten wie Frankreich, Schweiz und skandinavische Länder, die der PKK aktive Unterstützung gewährten. Eine (im Sinne Ankaras löbliche) Ausnahme ist die Bundesrepublik seit dem PKK-Verbot vom 22. November 1993. Kurzum: Ankara sieht sich als Prügelknabe Europas. Im Umgang der türkischen Sicherheitskräfte mit den kurdischen Aufständischen wende Europa Menschenrechtsnormen an, die bei Konflikten vor der eigenen Haustüre nie zur Anwendung kämen, lautet der Tenor in den türkischen (überwiegend regierungsfreundlichen) Zeitungen.

Warum sich die Regierung von Ministerpräsidentin Ciller so sehr einer politischen Lösung versperrt, ist in Europa schwer nachvollziehbar, zumal die PKK unter ihrem Führer Abdullah Öcalan von ihrer Maximalforderung eines unabhängigen Kurdenstaates abgekommen ist. Zu erklären ist diese Haltung zum einen durch den Einfluß des (von Militärs dominierten) Nationalen Sicherheitsrates, dessen "Empfehlungen" nach wie vor ohne parlamentarische Aussprache vom Kabinett postwendend in Gesetzesform gegossen werden. Der Nationale Sicherheitsrat ist das höchste Gremium der zivilen und militärischen Führung. Ihm gehören der Staatspräsident, der Stabschef der Streitkräfte, die Kommandeure der einzelnen Waffengattungen und der Geheimdienste sowie der Außen-, der Innen- und der Verteidigungsminister an. Im Oktober 1993 erließ der Rat ein Dekret, demnach die kurdische Rebellion im Südosten mit allen Mitteln und ungeachtet aller Kosten niederzuschlagen sei. Gleichzeitig wurden staatliche Entwicklungsprojekte in der Region gestoppt, z.B. der Bau eines Bewässerungssystems in Urfa. Seit Ende der achtziger Jahre hatte Ankara umfassende wirtschaftliche Förderungen der Region eingeleitet. Dahinter verbarg sich die Einschätzung, daß die Kurdenfrage hauptsächlich ein soziales Problem des wirtschaftlich unterentwickelten Südostens sei.

Zum anderen spielt wohl die Befürchtung, eine politische Lösung der Kurdenfrage könnte die gesamte Konstruktion des türkischen Nationalstaates einstürzen lassen, die entscheidende Rolle. Adnan Kahveci, einer der engsten Berater des verstorbenen Staatspräsidenten Turgut Özals, hat ein nicht von der Hand zu weisendes Argument angeführt: "Wenn die Gründer der türkischen Republik beschlossen hätten, jeder ethnischen Gruppe ihre eigene Sprache zu lassen, wäre die Türkei heute wie der Libanon".

14

Als Mustafa Kemal - der spätere Staatsgründer "Atatürk" - 1919 seinen Kampf gegen den osmanischen Sultan in Istanbul aufnahm, zählten zahlreiche kurdische Stämme zu seinen Verbündeten. Mustafa Kemal versprach ihnen die Erfüllung eines jahrhundertealten Traumes: die Schaffung eines eigenen Staates Kurdistan.

Die Wurzeln der Kurdenstämme reichen bis ins 4. Jahrhundert v.Chr. zurück. Lange vor den Arabern und Persern besiedelten Kurden die Ebenen und Berge rund um den Van-See, der im heutigen Grenzgebiet der Türkei zum Irak liegt. Immer wieder wurden Kurdenstämme bei Eroberungszügen fremder Völker unterworfen: von den Seldschuken, den Mongolen, den Persern, schließlich von den Osmanen. Als die Alliierten 1918 das osmanische Reich unterwarfen, kündigten sie im Friedensvertrag von Sevres die Bildung eines unabhängigen kurdischen Staates an. Im Vertrag von Lausanne, der 1923 die endgültigen Grenzen der Region festlegte, war davon keine Rede mehr. Der Vertrag trennte vielmehr das Kurdengebiet in einen türkischen, einen irakischen, einen iranischen und einen syrischen Teil.

Auch Mustafa Kemal wollte nach seinem Sieg über den Sultan von seinem Versprechen nichts mehr wissen: Bei der Ausrufung der türkischen Republik verkündete Atatürk die bis heute geltende Staatsdoktrin: "Im Vaterland Türkei leben nur Türken". Die Existenz der Kurden wird seitdem schlicht geleugnet, die Kurden offiziell als "Bergtürken in Südostanatolien" tituliert. Zwischen 1925 und 1937 kam es zu drei großen Aufständen der Kurden, bei denen mehr als eineinhalb Millionen getötet wurden.

Die Unterdrückung der Kurden ist in der türkischen Verfassung genau festgelegt, obwohl das Wort "Kurde" oder "kurdisch" kein einziges Mal auftaucht. In Artikel 3 der Verfassung heißt es: "Staat, Land und Nation der Türkei sind ein unteilbares Ganzes. Ihre Sprache ist türkisch." Der Artikel 26 führt aus: "Bei der Äußerung oder Verbreitung von Meinungen darf keine durch Gesetz verbotene Sprache verwendet werden ..." In diesem Tenor geht es weiter: "Keine Sprache außer türkisch darf als Muttersprache Staatsbürgern der Türkei in Unterrichts- und Erziehungseinrichtungen gelehrt werden." Politischen Parteien ist es verboten, "zu behaupten, in der Türkei existierten Minderheiten. Es ist verboten, nicht-türkische Kulturen zu schützen und zu erhalten." Die Tilgung jeglicher kurdischer Kultur und Sprache kommt in einem "Gesetz über Veröffentlichungen in anderen Sprachen als dem Türkischen" vom Oktober 1983 noch deutlicher zutage: "Die Äußerung, Verbreitung und Veröffentlichung von Gedanken in einer Sprache außer der ersten Amtssprache" ist verboten. Unter das Verbot fallen auch Plakate, Filme und Tonbänder in "Nichttürkisch". Das Strafgesetzbuch sieht für Zuwiderhandlungen teilweise drakonische Strafen vor. Taten, die aus türkischer Sicht die "Einheit des Staates zerstören" oder "einen Teil des der Herrschaft des Staates unterliegenden Gebietes abzutrennen" versuchen, werden mit der Todesstrafe geahndet. Organisationen, Propaganda und öffentliche Auftritte, die das "Nationalgefühl zerstören oder schwächen", bestraft der Staat mit Gefängnis bis zu 15 Jahren. Faktisch verboten die Gesetze und Dekrete den Kurden, sich überhaupt in ihrer Sprache zu äußern. Seit 1991 ist zwar Kurdisch im privaten Gespräch erlaubt, aber hinsichtlich öffentlicher Äußerungen bestehen die Restriktionen weiterhin.

Die Absolutheit dieser Gesetze ließ den Kurden nur die Möglichkeit, sich zu assimilieren, also als Türke zu bekennen (wie dies bei Millionen Kurden geschehen ist). Die Assimilierungspolitik war in den fünfziger und sechziger Jahren außerordentlich erfolgreich: In hochrangigen Positionen der türkischen Politik, Wirtschaft und Gesellschaft sind Kurden zu finden (Özal selbst war Kurde, wie auch ironischerweise der Menschenrechtsminister Kurde ist). Der Preis für die Assimilierung war die völlige Aufgabe der kurdischen Identität.

Ein Bericht des amerikanischen Außenministeriums von 1989 beschrieb die Situation folgendermaßen: "Obwohl Millionen türkischer Kurden in das politische, wirtschaftliche und soziale Leben der Nation voll integriert sind, hat das Streben der Regierung nach voller Assimilation zur Ächtung sämtlicher Publikationen von Büchern, Zeitungen oder anderer Materialien in kurdischer Sprache geführt. Es sind nicht einmal Materialien über die kurdische Geschichte, Kultur oder ethnische Identität erlaubt, und es gibt Beispiele, bei denen Künstler wegen Aufführungen oder Liedern in Kurdisch verhaftet wurden. Die anhaltenden kulturellen Beschränkungen sind der Ursprung für anhaltende Unzufriedenheit vieler Türken kurdischen Ursprungs, besondes im weniger entwickelten Südosten, wo sie in der Mehrheit sind." Die hier noch sehr zurückhaltend ausgedrückte Unterdrückung der kurdischen Identität ist nur eine Ursache für die wachsende Opposition der kurdischen Bevölkerung in den letzten Jahren. Ein Bericht des amerikanischen Geheimdienstes CIA stellte bereits im August 1979 fest: "Die östlichen Provinzen erhalten nur 10 Prozent der staatlichen Investitionen für Industrieprojekte und nur 2 Prozent aller Handelsinvestitionen. Vor allem sind Krankenhäuser und Ausbildungsmöglichkeiten in der Region äußerst spärlich. Die Arbeitslosigkeit liegt weit über dem nationalen Durchschnitt. Die Analphabetenquote unter den Kurden liegt bei 80 Prozent. Und in nicht einmal der Hälfte der Dörfer gibt es Elektrizität, Wasserleitungen, und passable Straßen." Ein Militärkommandeur aus der Gegend von Uludere brachte es auf den Punkt: die militärische Antwort sei keine langfristige Lösung. "Was wir brauchen, ist eine Infrastruktur, Dinge, an denen die Menschen erkennen können, daß sie zu uns gehören. Neue Investitionen und neue Arbeitsplätze." Erst sehr spät - zu spät - versuchte die türkische Regierung, durch

Maßnahmen wie den Bau des Atatürkstaudammes am Euphrat der wirtschaftlichen Verelendung (und dem daraus resultierendem sozialen Konfliktstoff) entgegenzuwirken.

Der "Kurden-Experte" M.M. van Bruinessen stellt in seinem Buch über die kurdische Gesellschaft im Hinblick auf die anfängliche Mitgliederschaft der PKK fest: "Die meisten ihrer Mitglieder und Sympathisanten waren sehr jung, von ungenügender Bildung und bescheidenem Hintergrund. Die PKK war zweifellos die proletarischste (ihren Verleumdern zufolge lumpenproletarisch) unter den kurdischen Organisationen."

Die Geschichte der PKK

Die Gründung

Die Wurzeln der PKK reichen bis in das Jahr 1973 zurück. Eine Handvoll Studenten - Mitglieder des marxistisch-leninistischen "Revolutionären Hochschulverein Ankaras "(ADYÖD) - machte sich daran, Thesen für einen nationalen Befreiungskampf in Kurdistan und für eine soziale Revolution in der Türkei auszuarbeiten. In der Universitätsstadt Ankara tummelten sich zu dieser Zeit dutzende - meist linke - "revolutionäre" Parteien und Studentengruppen: Das Ansinnen einer "revolutionären" Umwälzung der türkischen Republik war also nicht Ungewöhnliches. Nicht up-to-date war allerdings die kurdische Frage, die im Sinne der Staatsdoktrin ("in der Türkei leben nur Türken") längst gelöst schien und ausschließlich in Intellektuellen-Zirkeln debattiert wurde. Motor der "Kurden-Debatten" innerhalb der ADYÖD war der Politologiestudent Abdullah Öcalan.

Ein erstes Treffen zur Gründung einer eigenständigen Organisation fand 1974 - ebenfalls in Ankara - statt. Anwesend waren neben Abdullah Öcalan 10 andere Personen, darunter Kesire Yildirim, die Lebensgefährtin Öcalans in den Jahren bis 1988, und Ali Haydar Kaytan, (später einer der Hauptangeklagten im Düsseldorfer PKK-Prozeß). Die Gruppe um Öcalan machte sich schnell einen Namen als "Apocular" ("Anhänger von APO"). - Der Führerkult um Abdullah Öcalan war der PKK also gewissermaßen in die Wiege gelegt. Offiziell nannte sich die Organisation "Kürdistan Devrimcileri" (Kurdistan-Revolutionäre).

Die Gruppe schwärmte zunächst in Türkei-Kurdistan aus, um in verschwiegenen Treffen mit Studenten, Arbeitern und

Jugendlichen eine Basis für eine Partei zu schaffen. 1977 - also noch vor der eigentlichen Gründung der PKK, verfaßte sie dann in Diyarbakir ein Programm, das die Grundzüge für einen bewaffneten Kampf festlegte.

Der 27.November 1978 ist der offizielle Gründungstag der "Partiya Karkeren Kurdistan" (PKK), der "Arbeiterpartei Kurdistan". Mit einer Ausnahme, waren die sieben Mitglieder des ersten Zentralkomitees identisch mit den Gründungsmitgliedern der "Kurdistan-Revolutionäre".

Die neue Partei beschloß, sich der Öffentlichkeit mit einer spektakulären Aktion vorzustellen: Ein Großgrundbesitzer im Gebiet Siverek wurde als "Kollaborateur" der Regierung bezichtigt, der das Land ausbeute und die Bevölkerung terrorisiere. Ein geplantes Attentat gegen ihn mißlang, und die PKK war postwendend in ihre erste blutige Auseinandersetzung (mit den bewaffneten Anhängern des Großgrundbesitzers) verstrickt.

Ideologisch stach die neugegründete Partei aus dem damaligen Sammelsurium marxistisch-leninistischer Parteien und kurdischer Organisationen auf den ersten Blick nicht sonderlich hervor. Ihrem Programm zufolge ist Kurdistan eine Kolonie der Türkei, die nur durch eine "nationaldemokratische" Revolution unter Führung des Proletariats und mit den armen Bauern, Kleinbürgern und patriotisch gesinnten Intellektuellen zu befreien sei. Als Ziel definierte die PKK zunächst ein unabhängiges Kurdistan auf türkischem Gebiet, das in einen sozialistischen und kommunistischen Staat, bestehend aus allen vier Teilen Kurdistans, aufgehen solle. Außerdem sollen feudale Ausbeutung, die reaktionären Stammesorganisationen und die Ausbeutung der Frauen abgeschafft werden.

Die wichtigste Organisationsstruktur der Kurden in dieser Zeit waren die seit Jahrhunderten existierenden Stämme, die sich in den zerklüfteten Bergregionen ihre relative Autonomie bewahrt haben. Oft liegen sie noch miteinander in Blutfehden, kämpfen um Äcker, Herden und ihre Ehre. Die wichtigste

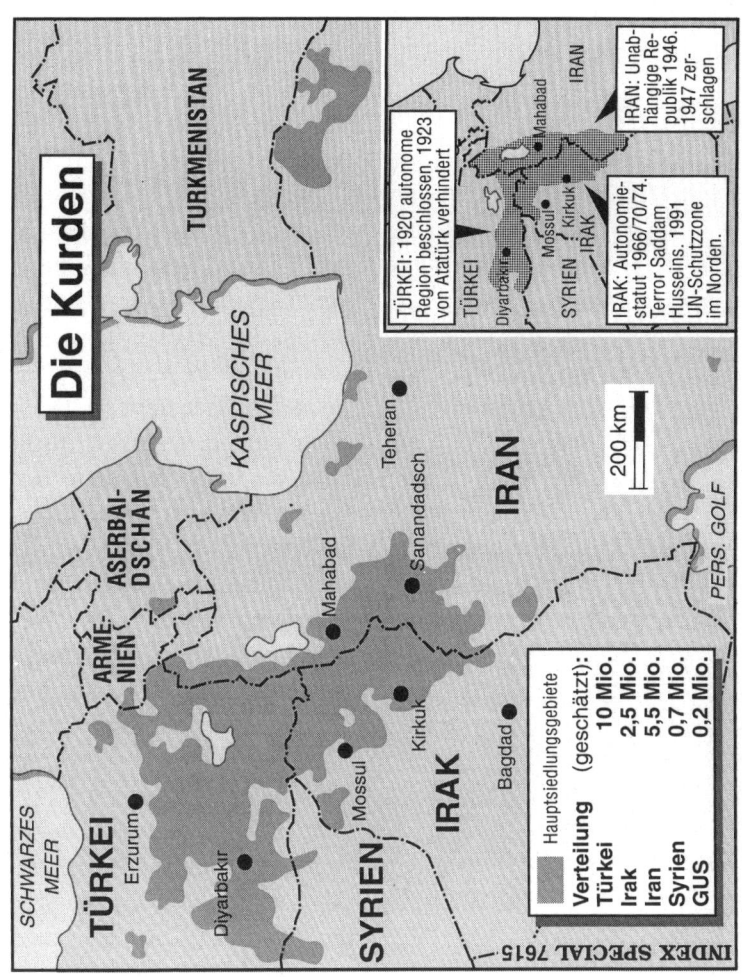

Die Kurden

TURKMENISTAN

SCHWARZES MEER

TÜRKEI

Erzurum

Diyarbakır

KASPISCHES MEER

ARME-NIEN

ASERBAI-DSCHAN

Mahabad

Sanandadsch

Teheran

IRAN

SYRIEN

Mossul

IRAK

Kirkuk

Bagdad

PERS. GOLF

200 km

Hauptsiedlungsgebiete

Verteilung (geschätzt):
Türkei 10 Mio.
Irak 2,5 Mio.
Iran 5,5 Mio.
Syrien 0,7 Mio.
GUS 0,2 Mio.

TÜRKEI: 1920 autonome Region beschlossen, 1923 von Atatürk verhindert

IRAK: Autonomie-statut 1966/70/74. Terror Saddam Husseins. 1991 UN-Schutzzone im Norden.

IRAN: Unab-hängige Re-publik 1946. 1947 zer-schlagen

Mahabad

IRAN

Mossul Kirkuk

TÜRKEI

Diyarbakır

SYRIEN IRAK

INDEX SPECIAL 7615

Autorität ist der Stammesführer, der Aga, meist ein Großgrundbesitzer. Innerhalb dieser Feudalstruktur sind die Kurden
unfähig, sich gegen Übergriffe des Staates zu wehren.

Der türkische Sozialwissenschaftler Ismail Besikci - der
wegen seiner Veröffentlichungen über die kurdische Identität
über 10 Jahre lang im Gefängnis saß - hat die Enstehungssituation
der PKK folgendermaßen beschrieben:

"In den siebziger Jahren drang die Armee in kurdische Dörfer
ein. Mit Bajonetten wurde die ganze Dorfbevölkerung zusammengetrieben. Alte Männer wurden nackt ausgezogen. Man band
ihnen ein Seil an das Geschlechtsteil. Die Frauen des Dorfes
mußten ihre Männer herumführen. Dies ist eine gewaltige
Erniedrigung. Überall in der Welt, wo solche Erniedrigung und
Unterdrückung erfahren wird, sollte revoltiert werden. Doch
wir sehen, daß die Kurden in den siebziger Jahren nicht
revoltierten. Sie sahen es als natürliches Schicksal an. Hier hat
die PKK angesetzt - sie hat gesagt: wir akzeptieren das nicht.
Wir werden das verändern, und zu diesem Zweck organisieren
wir uns. Die PKK hat den erniedrigenden Status des kurdischen
Volkes richtig analysiert.Der Gedanke der Revolte, des Auf-
standes, kam in den achtziger Jahren mit der PKK und veränderte das geistige Klima unter dem kurdischen Volk nachhaltig.
Es ist das Abschütteln des akzeptierten Sklavendaseins."

Das grundsätzlich Neue an der PKK war ihr Verhältnis zur
Gewalt und ihr Alleinvertretungsanspruch gegenüber anderen
kurdischen Organisationen. Im Programm von 1977 heißt es:
"Die Methoden des Kampfes basieren notwendig im weiten
Umfang auf Gewalt." In einem Land, in dem "die Agenten- und
Geheimdienstorganisationen wie ein Netz geflochten" seien,
müsse ein erbarmungsloser Volkskampf geführt werden. Die
anderen kurdischen Organisationen bezeichnete die PKK als
"kleinbürgerlich nationalistisch und sozialchauvinistisch". Von

ihrem Selbstverständnis her verglich sich die PKK mit den Vietcong, die den Imerialismus aus Indochina hinausgeworfen hätten.

Zielscheibe des bewaffneten Kampfes der PKK waren zunächst die kurdischen "Imperialisten", die Agas: mächtige Stammesfürsten, die in den zerklüfteten Bergregionen wie Feudalherren herrschten. Binnen kürzester Zeit schaffte es die PKK, in blutige Scharmützel mit einer ganzen Reihe von Agas verstrickt zu sein, wobei sich auch Milizen der faschistischen "Partei der nationalen Bewegung" MHP beteiligten. Teilweise verbündete sich die PKK mit Agas gegen die MHP und ließ sich auch in jahrhundertealte Stammesfehden hineinziehen. Während sie einesteils durchaus politische Aktionen durchführte - wie zum Beispiel gegen Agas gerichtete Landbesetzungen durch arme Bauern - geriet sie andererseits bei der Bevölkerung durch die Brutalität der Fehden mit Agas, MHP und konkurrierenden kurdischen Organisationen in den Ruf einer gewalttätigen Terrororganisation. In einer 1981 geäußerten Selbstkritik gestand die PKK später ein, daß ihre Auseinandersetzungen zum Teil bis zu einer Art Bauernkrieg eskaliert waren.

Die anarchischen, von gewalttätigen Auseinandersetzungen extremistischer Gruppen diktierten Zustände lieferten dem türkischen Militär am 12. September 1980 den Vorwand zum Militärputsch, in dessen Folge die PKK besonders von staatlicher Repression betroffen war. Ein erheblicher Teil der Kader und Anhänger landete im Militärgefängnis, ca. 60 namhafte Führungsmitglieder kamen im Gefängnis um (darunter die beiden Mitbegründer Kemal Pir und Mazlum Dogan). Die Militärregierung unter General Evren klagte 1983 fast 15.000 Verdächtige wegen Mitgliedschaft in einer linksgerichteten Terrororganisation an - ein Fünftel davon wegen "separatistischer Aktivitäten". Annähernd 1.800 gehörten der PKK an. (Von den militanten faschistischen Organisationen wurden weniger als 1.000 Mitglieder angeklagt). Der größte Teil der PKK-Kader flüchtete in den Nahen Osten (nach Syrien und in den Libanon, aber auch in den Irak und den Iran). 1982 kämpfte die PKK im Libanon auf Seiten der Palästinenser gegen die vorrückende israelische Armee.

1984 - 1988 : der Guerillakrieg gegen die Türkei

Abdullah Öcalan lebte bereits seit 1979 in der syrischen Hauptstadt Damaskus, abgeschirmt in einem nicht für Fremde zugänglichen Viertel und beschützt von syrischen Bodyguards. Im Juli 1981 hielt die PKK an der syrisch-libanesischen Grenze ihren ersten Parteikongreß ab: sie nutzte den Kongreß zu einer weitgehenden Selbstkritik, verurteilte die strikte Abgrenzung von anderen kurdischen Organisationen jetzt als Fehler und gestand auch überzogene Gewaltaktionen gegen die Bevölkerung ein.

Auf dem zweiten Parteikongreß im Jahr 1982 entwarf die PKK ihr Drei-Stufen-Konzept einer kurdischen Revolution: In einer ersten Phase bis 1995 sollten bewaffnete Propaganda-Aktionen, Angriffe gegen staatliche Kollaborateure und der Aufbau einer bewaffneten Bewegung das Ziel sein. In der zweiten Phase von 1995 bis zum Jahr 2000 sollte eine militärische Stärke ereicht werden, die der PKK die Schaffung 'befreiter Zonen' als Basis für eine Ausweitung des Befreiungskampfes zusammen mit anderen linksradikalen türkischen Organisationen ermöglichen soll. Nach dem Jahr 2000 soll die Phase der "strategischen Verteidigung" durch eine breite Offensive abgelöst werden und in einen Volksaufstand im gesamten Südosten münden. Zweifellos hat die PKK bereits heute - im Jahr 1994 - die erste Phase erfüllt und die zweite Phase eingeleitet.

Während sich das Zentralkomitee unter Abdullah Öcalan in Damaskus etablierte, baute die PKK gleichzeitig unter Mithilfe libanesischer und palästinensischer Organisationen in der von Syrien kontrollierten Bekaa-Ebene und im Barlias-Tal militärische Ausbildungslager auf (darunter die PKK-Akademie "Maslum Korkmaz" mit vermutlich in der ehemaligen UdSSR ausgebildeten palästinensischen Trainern). Gleichzeitig hielt sich die PKK durch ein Abkommen mit der kurdischen Nationalbewegung im Nord-Irak, der PDK-Irak des Kurdenführers Massoud Barzani, den Rücken frei und schuf so eine günstige Ausgangsbasis für eigene Camps entlang der türkisch-irakisch-iranischen Grenze.

Am 15. August 1984 rief die PKK die Gründung der "Befreiungseinheiten Kurdistans" HRK aus und unterstrich diese Ankündigung mit zwei bewaffneten Angriffen gegen türkische Militärposten in Eruh und in Semdinli. In beiden Fällen gelang es den jeweils ca. 40 PKK-Guerillas, eine Stunde lang die Dörfer zu besetzten und unbeschadet zu fliehen. Mit diesem Tag nahm die PKK ihren bewaffneten Kampf gegen die Türkei auf.

Türkische Experten verglichen die HRK in ihrer Struktur und ihrer Taktik mit den Vietcong. Berichten zufolge verfügte die PKK in diesem ersten Jahr über ca. 400 Guerillas (Barzani hatte etwa 17.000 Peschmergas, irakische Kurdenkämpfer, in seinen Diensten). Die Aktivitäten der Guerillas beschränkten sich auf kleine, überfallartige Attacken in den besonders unwegsamen und gebirgigen Regionen von Hakkari, Van und Siirt. In Cukurca (Gebiet Hakkari) z.B. töteten PKK-Guerillas acht türkische Soldaten. Am Ende des Jahres zogen sich die Guerillas wieder in die Camps zurück. Für die türkische Regierung war dennoch klar, daß die Region gegen solche Angriffe militärisch nicht gerüstet war. Die PKK mußte ihrerseits feststellen, daß die punktuellen Guerillaaktionen politisch wirkungslos blieben.

Am 21.März 1985 gab die PKK die Gründung der "Eniya Rizgariya Netewa Kurdistan" (Nationale Befreiungsfront Kurdistan, ERNK) bekannt. Erster Generalsekretär der ERNK wurde Maslum Korkmaz, Öcalans rechte Hand, der ein Jahr später von türkischen Soldaten getötet wurde.

Offiziell sollte die ERNK eine Front der verschiedenen patriotischen "Schichten" und Personen Türkei-Kurdistans sein, die den bewaffneten Kampf und die Gründung eines unabhängigen Kurdistans unterstützen. Der ERNK war damit die Rolle des politischen Arms der PKK zugedacht. Tatsächlich übernahm die ERNK (bis zur Gründung der ARGK als Nachfolgeorganisation der HRK) auch militärische Aufgaben wie Anschläge auf türkische Militäreinrichtungen. In einigen Kommuniques hat die PKK die ERNK wiederholt für erfolgreiche Angriffe lobend hervorgehoben. Zahlreiche ERNK-Vertreter, die in Europa politische Funktionen übernahmen, waren in Wahrheit ausgebildete ARGK-Kämpfer, sodaß von fließenden Grenzen zwischen PKK, ERNK und ARGK (zuvor HRK) gesprochen werden kann.

Erst auf dem 1. ERNK-Kongreß vom 28.-30. Juli 1989 in Köln sind die Aufgaben der Organisation klar definiert worden. Demzufolge ist die ERNK zuständig für die Rekrutierung neuer Kämpfer, für die Beziehungen zu anderen Unabhängigkeitsbewegungen in Kurdistan, für die Beschaffung von Geld, Waffen und sonstiger Ausrüstung, für Propaganda und Öffentlichkeitsarbeit, und für die Installierung eines Gerichtssystems in den "befreiten Gebieten" Türkei-Kurdistans. 1991 konkretisierte Abdullah Öcalan die militärische Aufgabenteilung zwischen ERNK und ARGK. In der PKK-Zeitung "Serxwebun" schrieb er: "Ein Guerilla kann nicht mit seinen Waffen in die Städte gehen. Aber ein Militanter kann eine Bombe in seiner Tasche tragen, normale Kleidung tragen und überall unerkannt Anschläge ausführen". Faktisch war damit die Trennung zwischen der ARGK als uniformierte, bewaffnete und in den Bergen stationierte Armee und der ERNK als Organisation militanter Zivilisten in den Städten und Ortschaften umschrieben.

Am Gründungstag der ERNK, am 21. März 1985, dem Newroz-Fest, startete die PKK eine "Frühjahrsoffensive", die wenig erfolgreich blieb. Erst im darauffolgenden Jahr meldete die PKK-Zeitung "Serxwebun" wieder "große Fortschritte". Spektakulärster "Erfolg" war der Angriff gegen eine Grenzstation in Uludere am 13. August 1986, bei dem zwölf Gendarmen getötet wurden. Die türkische Regierung antwortete zwei Tage später mit Bombenangriffen auf Camps im Norden des Iraks, bei denen 150 Kurden (darunter Peschmergas von Bazani und auch Zivilisten) umkamen.

Auf dem 3. Parteikongreß im Oktober 1986 in Latakia (Syrien) mußte die PKK erneut eingestehen, daß die Unterstützung der Bevölkerung trotz HRK und ERNK schwach geblieben war. Dabei spielte wohl auch das brutale Vorgehen der PKK gegen Zivilisten (siehe unten) eine große Rolle. Zum Ende des Kongresses, am 30. Oktober 1986, beschloß die PKK deshalb nicht nur die Intensivierung der politischen Arbeit in den Städten und die Ausdehnung ihrer militärischen Aktivitäten auch auf städtische Gebiete, sondern auch die Abschaffung der HRK und die Gründung der "Artesa Rizgariya Gele Kurdistan" (ARGK), der "Volksbefreiungsarmee Kurdistans".

Die Gründung der ARGK war nicht nur symbolisch für die wachsende Zahl von Kämpfern, sondern ein erster Schritt zur Bildung einer wirklichen "Volksarmee". Laut Abdullah Öcalan bedeutete die Gründung der ARGK die "endgültige Rückkehr in unser Land. Ab jetzt wird es keine Rückkehr aus dem Ausland mehr geben." Faktisch wurde die ARGK der militärische Arm der PKK. Allerdings war bis zum Jahr 1988 von der ARGK - entgegen der ERNK - wenig zu hören: die wichtigsten politischen und militärischen Aktionen wurden im Namen der ERNK ausgeführt. Ihre Schlagkraft entwickelte die ARGK erst im Laufe der Jahre 1988 bis 1989. Die Guerillakämpfer sind uniformiert und in Camps in den Bergen sowohl innerhalb der Türkei als auch in den iranisch-irakischen Grenzgebieten (vermutlich auch in Syrien) stationiert. Bezüglich der Stärke der ARGK gibt es widersprüchliche Angaben. Man kann davon ausgehen, daß in den Camps permanent ca. 10.000 Guerillas einsatzbereit sind. Der Europavertreter der ERNK, Yilmaz Kani, gab gegenüber dem Verfasser die Zahl der insgesamt einsatzbereiten Guerillas mit 30.000 an.

Eine wichtige Entscheidung des 3. Parteikongresses vom Oktober 1986 war auch die künftige Bekämpfung der "Dorfschützer", ein von der Türkei 1985 installiertes System in den kurdischen Dörfern. In der Vergangenheit - etwa bei den Kurden-Aufständen in den 20er und 30er Jahren - war es dem Staat stets gelungen, kurdische Stämme gegeneinander auszuspielen. Nach altbewährtem Muster köderte Ankara in den Krisengebieten ab 1985 kurdische Zivilisten oder auch ganze Stämme mit sehr hohen Löhnen und Belohnungen (Kopfgeld), bewaffnete sie und setzte sie als "Dorfschützer" gegen die PKK ein. 1987 standen nach offiziellen Angaben 6.000 Dorfschützer unter Waffen

Der Parteikongreß vom Oktober 1986 unterstrich die Entschlossenheit der PKK, "alle Feinde zu eleminieren" und schon bald "befreite Zonen" zu schaffen. Diese Drohung richtete sich an die Dorfschützer. Um sie zu bekämpfen, sollten syrische Raketen des Typs SAM eingesetzt werden.

Anfang 1987 schoß die ARGK die ersten Raketen auf Gebäude von Dorfschützern ab. Unter den Opfern waren viele Frauen und Kinder, die zynisch als "Kollaborateure " bezeichnet wurden. Innerhalb eines Monates kamen so durch PKK-Attacken 34 Zivilisten ums Leben. In einigen Dörfern brach das Dorfschützersystem nahezu zusammen.

In der Nacht zum 20. Juni 1987 griff die ARGK das Dorf Pinarcik in der Provinz Mardin nahe der syrischen Grenze an: 30 Menschen wurden getötet, darunter 16 Kinder und 8 Frauen. Türkische Quellen sprachen vom " … schlimmsten Massaker, das je von den kurdischen Aufrührern in ihrem unerklärten Krieg gegen die türkische Republik" verübt wurde.

In den Sommermonaten 1987 eskalierten die Angriffe der ARGK gegen Dorfschützer. Wenngleich die PKK die Schuld an den Ereignissen von sich wies und von Provokationen des türkischen Militärs und Übergriffen regionaler Kommandanten sprach, gibt es an der Brutalität des bewaffneten Kampfes zu dieser Zeit keinen Zweifel. Am 11. Juli 1987 starben bei Angriffen auf zwei weitere Dörfer in Mardin wiederum 30 Zivilisten - in der Provinz Hakkari wurden im August binnen zwei Tagen 25 weitere Unschuldige von der ARGK getötet. Der größte Teil der Opfer waren Angehörige von Dorfschützern. Der türkische Staat und staatstreue Medien konnten mit den Photos der umgebrachten Frauen und Kinder eine wirkungsvolle Gegenpropaganda entfachen.

Weitere Ziele der PKK waren Schulen bzw. türkische Lehrer. Die PKK begründete ihre Angriffe nicht nur damit, daß Schulen als Kasernen dienten und gewisse Lehrer Mitarbeiter des türkischen Geheimdienstes seien, sondern auch damit, daß es sich bei diesen Institutionen um "Zentren der moralischen und ideologischen Zersetzung der kurdischen Jugend handle (Bordellen erging es nicht besser). Einer kürzlich veröffentlichten Aufstelllung des türkischen Journalistenverbandes zufolge sind bis zum 25. November 1993 insgesamt 92 türkische Lehrer von der PKK getötet worden. Die Schulen von 240.000 Schülern wurden angeblich zerstört bzw. niedergebrannt.

Die türkische Regierung konnte die Angriffe der PKK trotz eines gewaltigen Sicherheitsapparates in den Krisenprovinzen nicht wirksam unterbinden. Neben regulären Truppen zog Ankara im Südosten immer mehr Sondereinheiten der Armee, Einheiten des militärischen Geheimdienstes, des staatlichen Geheimdienstes MIT, der politischen Polizei, der regulären Polizei, der Gendarmerie und der gefürchteten Konter-Guerilla (einer paramilitärischen Truppe) zusammen. Zudem wurden 1987 Ausnahmegesetze über die 12 kurdischen Provinzen verhängt und das Amt des Regionalgouverneurs geschaffen, der für alle Krisenprovinzen zuständig ist. Ein Dekret vom April 1990 , das ohne parlamentarische Beratung vom türkischen Kabinett verabschiedet wurde, stattet den Regionalgouverneur mit Vollmachten eines Kriegskommandanten aus. Grundlegende Bürgerrechte sind außer Kraft gesetzt. Der Gouverneur ist unter anderem berechtigt, ganze Dörfer zu evakuieren oder miteinander zu verschmelzen. Er kann unbequeme Richter, Staatsanwälte und Offiziere innerhalb der Ausnahmegebiete entlassen, er kann Zeitungen, die über die Ereignisse berichten, als "staatsfeindliche Publikation" verfolgen. Gleichzeitig ist er Befehlshaber sämtlicher Sicherheitskräfte einschließlich des Geheimdienstes. Rechtlich gibt es keinerlei Möglichkeiten, sich gegen Maßnahmen und Übergriffe der Sicherheitskräfte zu wehren. Der Regionalgouverneur ist sogar berechtigt, in Gerichtsverfahren einzugreifen, wenn sie Sicherheitsfragen tangieren.

Trotz des militärischen Aufwands und der Ausnahmegesetze schien die türkische Regierung die Schlagkraft der PKK jahrelang zu unterschätzen. Nach dem Angriff auf Pinarcik am 20. Juni 1987 schätzte der türkische Geheimdienst die Zahl der innerhalb der Türkei operierenden PKK-Guerillas auf nicht mehr als 300. Bereits einen Monat später sprach der türkische Ministerpräsident bei einem Besuch in Mardin von "exakt 3.449 Terroristen innerhalb der Türkei, die einen unerklärten Krieg führen". Mitte 1989 schätzte ein weiterer Bericht die Mitgliederstärke der PKK auf ungefähr 5.000.

In einem Interview mit der Zeitung "Hürriyet" meinte ein ehemaliger Oberst auf die Frage, ob die PKK Erfolg habe: "Natürlich, nirgends auf der Welt ist es in den sogenannten Unabhängigkeitskriegen möglich gewesen, innerhalb so kurzer Zeit Erfolg zu haben." Und zur Frage, inwieweit die Bevölkerung in der Krisenregion Botan die PKK unterstütze, sagte der Offizier: "Zumindest ein Teil unterstützt sie. Wenn die Bevölkerung ihre Unterstützung zurückzieht, sind sie erledigt. Wenn sie ihren Krieg fortsetzen, bedeutet das, daß die Bevölkerung ihren Kampf unterstützt." Ein anderer türkischer Offizier konstatierte: "Am Tag sitzen sie im Cafehaus. Nachts greifen sie sich ihre Gewehre und attackieren uns. Wenn wir dann zum selben Cafehaus kommen, begrüßen sie uns und sagen, wir seien ihre Retter."

Ein Aga aus Sirnak, der gleichzeitig als Dorfschützer fungiert, gestand ein, Angst vor der Organisation zu haben - seine Brüder waren von der ARGK bereits getötet worden: "Wenn ich in die Stadt gehe, muß ich mit vielen Leibwächtern hingehen. Unsere Autorität wird von keinem mehr anerkannt. Wir können nicht mehr wie früher Agas sein und befehlen."

Ohnehin erwies sich das 1985 eingeführte Dorfschützer-System als höchst problematisch. Der Staat bewaffnete ganze kurdische Stämme, die der PKK feindlich gegenüberstanden. Manche Agas mißbrauchten ihre Bewaffnung durch den Staat, um private Scharmützel auszutragen oder die Bevölkerung zu terrorisieren. Ein Parlamentsabgeordneter aus Mardin hielt das System für falsch: "Die Dorfschützer sind ein Problem für die Dorfbewohner. Mit ihren Gewehren und Pistolen üben sie Gewalt gegen ihre persönlichen Feinde in den Dörfern aus." Auf der anderen Seite war die lukrative Bezahlung der Dorfschützer Anreiz für viele Kurden, den elenden Lebensbedingungen zu entfliehen. Nach den erbarmungslosen Angriffen der PKK kamen viele Dorfschützer der Aufforderung (bzw. Drohung) der PKK nach, ihre Waffen niederzulegen. Unweigerlich gerieten sie dadurch mit den türkischen Sicherheitskräften in Konflikt, die sie sofort als Kollaborateure der PKK verdächtigten.

Die dritte Maßnahme der türkischen Regierung zur Bekämpfung der PKK war - neben dem Ausbau des Sicherheitsapparates und des Dorfschützertums - die Entvölkerung der ländlichen Regionen im Grenzgebiet. Zweifellos waren und sind die Bergdörfer in der Grenzregion zum Irak eine der wichtigsten Nachschubbasen der PKK. Die Dorfbewohner versorgen die

Guerilla nicht nur mit Nahrung und Wasser, sondern sogar mit Zeitungen und ähnlichem. Hunderte von Dörfern und kleinen Siedlungen, die im Verdacht standen, die PKK zu unterstützen bzw. mit ihr zu sympathisieren, wurden ab 1984 zwangsevakuiert, die Bewohner teilweise bis in die westliche Türkei deportiert. Die Zahl der Dörfer, die zwangsumgesiedelt wurden, wird für den Zeitraum von 1984 bis Ende 1990 von kurdischer Seite mit etwa 2.500 angegeben.

Das Vorgehen der Militärs ist hundertfach beschrieben worden. Zunächst kamen die Soldaten und forderten die Dorfbewohner auf, sich als Dorfschützer zur Verfügung zu stellen. Weigerten sich die Bewohner, inszenierten die Soldaten nachts vermeintliche Schießereien mit der PKK und zielten dabei auch in die Häuser. Dann wurden die Dorfbewohner bezichtigt, Mitgliedern der PKK Unterschlupf gewährt zu haben. Die nächste Stufe waren Mißhandlungen und Folterungen durch Anti-Terroreinheiten der Armee. Wenn die Menschen den Terror nicht mehr aushielten, verließen sie das Dorf oder wurden direkt vom Militär deportiert. In vielen Fällen brannten die Soldaten anschließend die Häuser nieder, um der PKK keine Rückzugsmöglichkeit zu geben. Die vertriebenden Kurden flüchteten zu Tausenden in die Städte, in denen regelrechte Slums entstanden.

Die Politik der harten Faust spielte natürlich der PKK in die Hände, die sich ihrerseits gegenüber der Bevölkerung als Befreier präsentierte. Auch türkische Quellen berichten, daß die PKK darauf bedacht sei, bei den Einheimischen einen positiven Eindruck zu machen. In vielen isolierten Gebieten gibt es zum Beispiel keine Ärzte. Hier brachte die PKK Ärzte mit, versorgte die Bevölkerung und hinterließ kostenlos Medikamente. Dies, so gestehen auch die türkischen Berichte, bringt der PKK natürlich große Sympathien in der Bevölkerung.

Die Position der Türkei zur PKK ist einfach und klar: Die PKK ist, in knappen Worten, eine kommunistisch-separatistische

Mörderbande, die vor allem Frauen und Kinder umbringt. Das teilweise brutale Vorgehen der PKK gegen die Zivilbevölkerung, vor allem die Ermordung von Angehörigen der Dorfschützer, ist aber auch von anderen kurdischen Organisationen immer wieder vehement kritisiert worden. Von dieser Seite wurde die PKK auch für verschiedene Morde an Mitgliedern anderer kurdischer und türkischer Organisationen in Europa verantwortlich gemacht.

Unerwartete Schützenhilfe erhielten diese Kritiker durch eine Veröffentlichung in der türkischen Tageszeitung "Tercuman" am 14. April 1988. Dem Bericht zufolge waren 31 PKK-Kämpfer vor der Organisation geflohen und hatten beim Führer der irakischen Kurden, Massoud Barzani, Zuflucht gesucht. Weitere 28 seien auf Weisung Abdullah Öcalans exekutiert worden. Am 1.Mai berichtete "Tercuman", daß die rechte Hand Öcalans, Sahin Balic, im Bekaa-Tal im Libanon unter Hausarrest getellt sei. Am 7. Mai sprach "Tercuman" schließlich von einer "blutigen Abspaltung innerhalb der PKK". Demnach waren 38 PKK-Führer innerhalb eines Jahres auf Weisung Öcalans getötet worden. Zumindest ein Teil dieser Vorwürfe erwies sich später als haltlos - unter anderem wurde behauptet, die PKK hätte den Mitbegründer Maslum Dogan ermordet (der - offiziell bestätigt - im Militärgefängnis von Diyarbakir nach einem Hungerstreik ums Leben gekommen war). Einige der Hinrichtungen wurden allerdings von der PKK bestätigt und propagandistisch gerechtfertigt.

Im gleichen Jahr trat erstmals eine innerparteiliche Oppositionsgruppe in Erscheinung. Abdullah Öcalan hatte im Juni der Zeitung "Milliyet" ein Interview gegeben, das allerdings auf Weisung der türkischen Regierung nicht veröffentlicht wurde. Der Rechtsanwalt der PKK, Hüseyin Yildirim, einer der Sprecher der ERNK in Europa, Mitglied des ZKs der PKK und enger Mitarbeiter Öcalans, kritiserte von Schweden aus die Äußerungen Öcalans (u.a. zur Fußballmannschaft Galatasaray

Istanbul). Der gravierenste Vorwurf Yildirims war, Öcalan hätte, seit er 1979 die Türkei verlassen habe, seine unumschränkte Herrschaft innerhalb der PKK durchgesetzt, indem er all jene Gründungskader, die ihm hätten gefährlich werden können, physisch und politisch eliminiert habe. Ihm - Yildirim - gehe es nicht um die Spaltung der PKK, sondern um die Entfernung Öcalans und die Fortsetzung des bewaffneten Kampfes, aber ohne die Ermordung von Frauen und Kindern.

Der Streit zwischen Yildirim und Öcalan eskalierte, beide bezichtigten sich wechselseitig der "Kollaboration mit der Türkei". Als Yildirim vier Abgesandte nach Syrien schickte, ließ Öcalan sie vermutlich umbringen. In einer Veröffentlichung schrieb Öcalan zynischerweise, sie hätten "böse Absichten gehabt und Selbstmord" begangen.

Unterstützung erhielt Yildirim von der Lebensgefährtin Öcalans, Kesire Yildirim. Sie wurde zunächst unter Hausarrest gestellt, ehe sie nach Europa zu Yildirim (mit dem sie übrigens nicht verwandt oder verschwägert war) floh. Hüseyin Yildirim wurde im Juni 1989 vermutlich von einem PKK-Kommando in Holland an der belgischen Grenze angeschossen und schwer verwundet.

1990 setzten sich erneut vier PKK-Führer in den Irak ab. Einer davon, Mehmet Sener, Mitglied des ZKs der PKK, beschuldigte Öcalan in einem Telephon-Interview mit der linksgerichteten Zeitung "Ikibine Dogru", die Partei wie ein Diktator zu beherrschen und kritisierte die Gewaltpolitik der PKK. Außerdem gab er an, daß zahlreiche hohe PKK-Funktionäre nach Differenzen mit Öcalan in dessen Auftrag getötet worden seien. 1991 wurde Sener im Irak erschossen.

In den Jahren 1990/91 häuften sich Geständnisse und Beschuldigungen von ehemaligen PKK-Funktionären, die von der türkischen Polizei gefaßt worden waren. Ihnen wurde Straffreiheit bzw. Strafnachlaß versprochen, wenn sie gegen Öcalan aussagten. Wenngleich die "Qualität" dieser Geständnisse als sehr zweifelhaft anzusehen ist, gibt es doch keinen Zweifel, daß die PKK in den achtziger Jahren nicht konforme Kader bestraft und getötet hat.

1989 - 1992:
Vom Guerillakrieg zur Bewegung

Heftige Kritik an ihren rücksichtslosen Attacken auf die Zivil-
bevölkerung erfuhr die PKK auch von anderen kurdischen
Organisationen. Bereits 1987 war das Verhältnis zur irakischen
KDP Massoud Barzanis abgekühlt. Im August 1988 - nach dem
Ende des iranisch-irakischen Golfkrieges - rächte sich Saddam
Hussein an den irakischen Kurden. 60.000 kurdische Iraker
flohen über die Grenze in die Türkei. Für die Regierung in
Ankara war die Aufnahme der irakischen Kurden nicht nur eine
humanitäre Geste, sondern auch die Chance, Beziehungen zu
Barzani aufzunhemen und somit die PKK zu schwächen. Die
PKK versuchte nun ihrerseits, mit anderen kurdischen Gruppen
eine Allianz zu bilden, wurde aber zurückgewiesen. Stattdessen
formierten sich fünf kurdische Organisationen zu einer kurdischen
Befreiungsbewegung (TEVGER). Die Allianz proklamierte als
Ziel einen unabhängigen kurdischen Staat, mißbilligte aber
Terrorismus. Drei andere linksradikale türkische Organisationen drohten, die PKK anzugreifen, wenn sie nicht ihre Angriffe
auf Zivilisten stoppte. Zu dieser Zeit zeichnete sich ein strate-
gischer Wandel der PKK ab.

Im Laufe des Jahres 1989 beschloß die Partei, ihre terroristische Politik - die Ermordung von Frauen und Kindern - durch
gezielte Angriffe auf ökonomische Ziele wie Brücken, Straßen,
Bahnstationen und Industrieanlagen abzulösen (zusätzlich zu
den Angriffen auf Militär- und Polizeistationen). Gleichzeitig
startete die Partei eine Kampagne, in der sie den türkischen
Geheimdienst MIT für die Ermordung der Zivilisten verantwortlich machte. Bei den von der PKK getöteten Zivilisten hätte

es sich zudem ausschließlich um Verwandte von Dorf-schützern,also Kollaborateuren, gehandelt. Wenngleich diese Kamgane nicht sehr glaubwürdig war, stand fest, daß die PKK die Einstellung ihrer Angriffe auf zivile Ziele beschlossen hatte.

Abdullah Öcalan selbst legte in einem Papier, das zunächst nur in den engsten Kreisen der PKK zirkulierte, die neue politische Richtung fest. Offiziell wurde die Richtungsänderung auf dem 4. Parteikongreß der PKK im Dezember 1990 ab-gesegnet. In dem Papier mit dem Titel "Ausführungen des Kammeraden Abdullah Öcalan" bezeichnet dieser "Massenmord und Angriffe auf die Bevölkerung" als Bedrohung für die Organisation. Öcalan spricht von den "zwei Fehlern extemer Aktivitäten": die Art, wie die Bevölkerung behandelt wurde und der Blutzoll, den Zivilisten zu zahlen hatten. Wörtlich führte Öcalan aus: "Wenn die Bevölkerung nicht mit Vorsicht und korrekt behandelt wird, nützt das nur dem Feind." Die Menschen müßten mit Respekt behandelt werden. Für die Morde innerhalb der Zivilbevölkerung machte Öcalan "lokale Führer" der PKK verantwortlich: sie würden zur Rechenschaft gezogen und bestraft werden (tatsächlich wurden drei PKK-Kom-mandanten angeklagt). In einem Inteview erklärte Öcalan spä-ter, er hätte Berichte über die Ermordung von Zivilisten durch die PKK lange für eine Provokation gehalten und erst später die Wahrheit erfahren.

Eine direkte Folge des Kurswechsels war die Annäherung der PKK an bisher feindlich gesonnene linksradikale Parteien wie die Dev Sol, die jetzt von den "engen Freunden" der PKK sprach. Weit wichtiger aber waren die Konsequenzen im Um-gang mit der Bevölkerung.

Ein Beispiel ist der Angriff auf die Kohlenmine von Sirnak in der Provinz Siirt im Mai 1989. Bevor das Militär die Region kontrollierte, hatte die Regierung der örtlichen Bevölkerung erlaubt, nachts Kohlen aus der Mine zu holen. Das Militär dagegen jagte die Menschen fort und erschlug ihre Lastesel.

Die PKK wartete, bis sich viele Menschen in der Mine aufhielten. Niemand wurde angegriffen oder getötet, stattdessen wurde eine Propagandarede gehalten und zwanzig Jugendliche als "Rekruten" "gefangengenommen" (nach Aussage Beteiligter erfolgte die Rekrutierung freiwillig). Auf ihrem Rückzug zerstörten die Guerillas Fahrzeuge der Bergwerksgesellschaft. Mit dieser Attacke suggerierte die PKK, daß sie auf die Bedürfnisse der Bevölkerung Rücksicht nimmt, während der türkische Staat als rücksichtsloser Besatzer erschien.

Im September 1989 bezifferte das türkische Innenministerium die Zahl der Todesopfer seit Beginn der PKK-Angriffe im August 1984 auf über 1.500. Der Regionalgouverneur registrierte allein im ersten Halbjahr 1989 258 PKK-Überfälle. Der türkische Generalstabschef, General Necip Torumtay, drängte die Regierung: "Es gibt keine Alternative als endlich diejenigen, die mit Waffengewalt die nationale Existenz bekämpfen und diejenigen, die sie wissentlich und bereitwillig unterstützen, als Feinde zu begreifen und entsprechende Maßnahmen zu ergreifen. ... Wir müssen Gewehre gegen Gewehre einsetzen, unabhängig von unseren langfristigen Vorhaben". Der Generalstabschef erhob diese Forderung zu einem Zeitpunkt, als das Militär ohnehin mit teilweise gnadenloser Konsequenz gegen die Zivilbevölkerung vorging. Bis Ende 1989 waren bereits etwa 2.500 Dörfer entvölkert und zwangsumgesiedelt worden. Von kurdischer Seite wurde die Zahl der Vertriebenen auf 1,5 Millionen Menschen geschätzt. In zahlreichen Dörfern übten Dorfschützer eine regelreche Schreckensherrschaft aus. Die Zeitung "2.000éDogru" sprach von einem "riesigen Unterdrückungsmechanismus" und "grausamer Folter". Der Untersuchungsbericht des Menschenrechtsvereins Sektion Diyarbakir über die "Entvölkerung der Region Botan" vom 30. September 1990 stellt fest, daß im Bezirk Sirnak "20 der vormals 38 Dörfer unter dem Vorwand, daß ihre Bewohner nicht einverstanden waren, Dorfschützer zu werden, vollständig entvölkert und

"Kurden mit Schwanz" - Den Gefangenen werden Knüppel in den After gesteckt, an deren Ende ein Seil herunterhängt. Danach werden die Gefangenen "Kurden mit Schwanz" genannt. Neben den Unerträglichen Schmerzen stellt diese Foltermethode eine beispiellose Entwürdigung dar.

Quelle: Foltermomente/Foltermethoden - Das Militärgefängnis von Diyarbakir, hrsg. v. der "Union der Patriotischen Intellektuellen aus Kurdistan".

niedergebrannt" worden seien. In einem Bericht vom Mai 1992 kommt amnesty international zu dem Ergebnis: "Um die PKK zu bekämpfen, hat die Regierung etwa 20.000 Dorfschützer eingesetzt... Viele Dorfbewohner wollen aus Angst vor Racheaktionen der Guerilla nicht Dorfschützer werden, sie fürchten ebenso Repressionen von Seiten der Staatskräfte, wenn sie dies ablehnen."

In seinen Jahresberichten weist amnesty auch auf die anhaltende Inhaftierung und Folterung politischer Gefangener hin. Im Bericht vom März 1989 heißt es: "In den acht Jahren seit dem Militärputsch sind mehr als 250.000 Menschen aus politischen Gründen inhaftiert und fast alle von ihnen gefoltert worden".

Ein besondes widerlicher Fall staatlicher Repression ging auch durch die türkische Presse. In der Nähe des Dorfes Yesilyurt bei Cizre wurden zwei türkische Soldaten erschossen. In der Nacht auf den 15. Januar 1989 besetzten daraufhin Soldaten das Dorf. Sie erschossen zunächst ihrerseits zwei Dorfbewohner - einen Mann und eine Frau. Dann wurden die Männer zusammengetrieben und aufgefordert, die Namen der Mörder der beiden Soldaten zu nennen. Anschließend mußten sich alle auf die Erde legen und wurden schwer mißhandelt. Der Dorfälteste wurde gezwungen, Fäkalien zu sammeln und die Dorfbewohner mußten sie essen. Der Dorfälteste empfand dies als so demütigend, daß er sich nach langem Zaudern entschloß, den Vorfall dem Staats,- dem Ministerpräsidenten und allen Parteien mitzuteilen. Nach der Anzeige kam es zu Verhaftungen und Folterungen der Dorfbewohner, ein 17jähriges Mädchen wurde sexuell mißbraucht. Obwohl Dutzende von Zeugenaussagen und Atteste an die Staatsanwaltshaft gesandt wurden, ermittelte der Staatsanwalt erst nach ausführlichen Presseberichten. Innenminister Kalemi bestritt die Vorwürfe, Ministerpräsident Özal griff die Presse an und meinte, man dürfe

Menschen, die für die Einheit und Unteilbarkeit des Vaterlandes arbeiteten, nicht behindern.

Im Frühjahr 1990 eskalierte die Situation. Die Spannung entlud sich - wie die kurdische Seite es später bezeichnete, im "Serhildan", der "kurdischen Intifada", so die Umschreibung der türkischen Presse: die Revolte der PKK griff auf die Städte über.

Cizre, eine Stadt im Südosten Anatoliens, nahe der syrischen Grenze. Es ist der 23. März 1990. Die 60.000 Einwohnerstadt gleicht einer belagerten Festung: In den Hauptstraßen sind Panzer postiert, Soldaten patrouillieren durch die Gassen. Sämtliche Geschäfte sind geschlossen, die Kaufleute haben die Rolläden heruntergelassen - aus Protest gegen den gewaltsamen Tod eines Jugendlichen, der ein paar Tage zuvor in der nahegelegenen Ortschaft Nusabuyn erschossen worden war: diese Form des Protestes ist bekannt - man kennt sie seit der Intifada in den besetzten Palästinensergebieten. An der Moschee haben sich etwa zehntausend Menschen versammelt, um nach dem Trauergebet zum Haus des getöteten Jugendlichen zu pilgern - ein in der islamischen Religion übliches Ritual. Die Soldaten eröffnen das Feuer auf den Zug - vier Menschen werden getötet, neun weitere verletzt. Die Menschen gehen wütend mit Stöcken und Steinen auf die Soldaten los, errichten Barrikaden, stecken Autoreifen und öffentliche Gebäude in Brand.

Wie ein Lauffeuer weitet sich der Protest auf die umliegenden Ortschaften aus - auf Silopi, Nusabuyn, dann auf Mardin und weitere Orte. Am 23. März 1990 marschieren Tausende von Demonstranten durch die Straßen und schreien "Nieder mit der Türkei" und "lang lebe Kurdistan".

Der Serhildan ist ein Wendepunkt im Kampf der PKK gegen die türkische Regierung: der PKK gelang es erstmals, ihren Guerillakampf in eine Massenbewegung auszuweiten.

Ein Bericht des türkischen Geheimdienstes konstatierte, daß die PKK jetzt nicht mehr nur in den Dörfern, sondern in wichtigen Städten aktiv sei: sie würde zu öffentlichem Widerstand gegen den Staat ermutigen, zu organisierten Demonstrationen, Streiks, Boykotts und Besetzung öffentlicher Gebäude auffordern. Ein Regierungsvertreter stellte fest: "Es ist der Anfang einer neuen und veränderten Situation. Wir sind sicher, daß die meisten Menschen nicht hineingezogen werden wollen, aber sie werden entweder von der PKK dazu gedrängt oder werden von der neuen Hysterie mitgerissen." Klar war, daß die PKK ihre Kampagne gegen die türkische Regierung in diesem Frühjahr 1990 spürbar verbreiten und intensivieren konnte. Die Politik der harten Hand, Zwangsevakuierungen, Deportationen, Denunziationen und Folterungen schlugen jetzt auf die türkische Regierung zurück: Eine zunehmend politisierte Bevölkerung in den Städten der Ausnahmegebiete stellte sich mehrheitlich auf die Seite der PKK. Die PKK hatte ihr Ziel, eine Massenbewegung zu organisieren, erreicht - auch wenn sich die große Mehrheit weder mit der marxistisch-leninistischen Ideologie noch mit dem Ziel eines unabhängigen Kurdenstaates identifizierte.

Die türkische Regierung reagierte (auf Drängen des Nationalen Sicherheitsrates) mit einer Verschärfung der Ausnahme- und Anti-Terrorgesetze. Das sogenannte "Dekret 430" suspendierte wichtige Grund- und Freiheitsrechte, so etwa das Recht auf Freiheit und Gesundheit, auf rechtliches Gehör, die Meinungs,- Versammlungs- und Veröffentlichungsfreiheit. Mit den Gesetzen waren und sind staatlicher Willkür Tür und Tor geöffnet: Menschen werden am Betreten der Region gehindert, die Sicherheitskräfte dürfen Autos, Häuser und Menschen ungehindert durchsuchen, die Presse wird zensiert, den Verantwortlichen der Druckereien und Zeitungen drohen Gefängnisstrafen, wenn sie die Zwischenfälle in den Ausnahmegebieten nach Auffassung der Behörden "verfälscht" oder "verzerrt" wiedergeben. Bereits verbale Unterstützung der kurdischen Freiheitsforderung gilt als "Seperatismus", der im Extremfall mit Todesstrafe geahndet wird. Zwar wurde im Zuge der Gesetzesänderungen erstmals die Strafbarkeit für öffentliches Sprechen in kurdischer Sprache aufgehoben: Aus Amtsstuben, Schulen etc. bleibt die kurdische Sprache verbannt - sobald in kurdischer Sprache politische oder soziale Themen angesprochen werden (etwa in Liedern oder Büchern) gilt dies als separatistische Propaganda

Nach den Ereignissen des März 1990 begann - wie der Generalsekretär des türkischen Menschenrechtsvereins, Akim Birdal formulierte, der "unveröffentlichte Krieg". Woche für Woche häuften sich Unruhen und Attentate. Am 25. Juni 1990 greifen PKK-Guerillas zwei Dörfer in Bingöl und Sirnak an und brennen mehrere Häuser nieder. In der Dunkelheit werden zwei kleine Mädchen erschossen. Im September 1990 schließen die Behörden hunderte von Grund- und Hauptschulen, weil die PKK immer wieder Schulen angreift und Lehrer erschießt (nach türkischen Angaben wurden bis heute 92 Lehrer erschossen), denen sie einen chauvinistischen Unterricht vorwirft. Seitdem weigern sich viele Pädagogen, in den Krisenregionen zu unterrichten - betroffen von den Schulschließungen sind nach türkischen Angaben über 200.000 Schulkinder. Die Gouverneure in den betroffenen Provinzen mußten vielfach Hochschuldozenten in die Grundschulen entsenden, um einen Notbetrieb aufrechtzuerhalten.

Am Abend des 28. April 1991 stürmen PKK-Mitglieder einen Club der Kleinstadt Zolhan und erschießen den Ortsgouverneur Metin Ates, den Staatsanwalt Mehmet Türkseves und Forstdirektor Ahmet Yener. Der Polizeichef, der Finanzdirektor und ein Richter der Stadt werden verletzt.

Gleichzeitig geht die PKK dazu über, ausländische Touristen gefangenzunehmen und erst nach Wochen wieder freizulassen: die kurdischen Provinzen werden zum "Hoheitsgebiet der PKK" erklärt.

Ausbildungslager der ARGK bei Zaho, Nordirak

Sondereinheiten des Militärs in Cizre

Vom Militär geräumtes und zerstörtes Dorf bei Sirnak

Die türkischen Sicherheitskräfte gehen ihrerseits mit gnadenloser Härte gegen die PKK und vermeintliche Sympathisanten vor. Am 31. März 1991 werden in Idel bei Sirnak bei Auseinandersetzungen zwischen der Armee und der Bevölkerung zwei Menschen erschossen und 15 verwundet. Meldungen über Gefechte zwischen der PKK und dem Militär (mit Toten und Verwundeten auf beiden Seiten) gehören bald schon zum Alltag.

Im Juli 1991 kommt es zu einer weiteren Eskalation und zur weiteren Radikalisierung in Teilen der Bevölkerung, als Verdat Aydin, der frühere Bürgermeister der Provinzhauptstadt Diyarbakir, ermordet wird. Aydin hattte wegen "Separatismus" insgesamt zwölf Jahre im Gefängnis verbracht: seine Verteidigungsreden hatte er stets in kurdischer Sprache gehalten.

"Sie waren zu viert - drei kamen an die Tür, einer blieb draußen im Auto. Als er mit ihnen geredet hat, sagte er mir, er kenne sie, sie seien Polizisten, und sie würden ihn zum Polizeirevier bringen. Als sie hinausgingen, hat einer noch zu mir gesagt, hab' keine Angst, Schwester, wir werden ihm ein paar Fragen stellen, und ihn dann wieder frei lassen. Dieser Mann ist überall in Diyabakir als Mitglied der Geheimpolizei bekannt."

In stundenlangen Vernehmungen ist Sükran Aydin, die Frau von Verdat Aydin, inzwischen mehrfach gedrängt worden, diese Aussage zu verändern. Nach den Tätern wurde nie gefahndet, die die Leiche von Verdat Aydin am 7. Juli bei Mardin in den Straßengraben warfen: grausam gefoltert, zerstümmelt und von Schüssen durchsiebt.

Verdat Aydin war der Bezirksvorsitzende der pro-kurdischen "Volkspartei der Arbeit" - kurz HEP-Partei - und seine Freunde vermuten, der Mord sei ein purer Racheakt gewesen für die Ermordung zweier Generäle in Diyarbakir zwei Wochen zuvor - mit denen Aydin nichts zu tun hatte.

Als am 10. Juli 1991 Aydins Leiche von Mardin nach Diyarbakir überführt wird, begleiten hunderttausend Menschen den Trauerzug. Auf den Stadtmauern entlang der Straße postieren sich Soldaten mit Maschinengewehren im Anschlag. Am Stadttor werfen kleine Kinder Steine in Richtung der Soldaten - Augenzeugen behaupten, die Soldaten hätten die Steine heruntergeworfen.

Die Soldaten eröffnen das Feuer. In einer Straße, die nach einer Seite zwanzig Meter tief steil abfällt, sperren Soldaten den Trauerzug ein, schießen Nebelgranaten in die Menge und treiben sie dann mit Knüppeln den Abhang hinunter. Ein Bus mit Journalisten und Abgeordneten der pro-kurdischen HEP-Partei aus Ankara wird völlig zerstört, die Insassen auf die Straße getrieben und brutal zusammengeschlagen. Die blutige Bilanz: acht Tote - sieben Vermißte - 55 zum Teil schwer Verletzte.

"Wir wollten nur die Leiche von Verdat Aydin aus Mardin nach Diyarbakir bringen und hier begraben. Aber hunderttausend Menschen begleiteten uns. Und sie haben gezeigt, daß sie bei dieser Brutalität nicht stumm bleiben. Sieben Menschen sind getötet worden, darunter ein kleiner Junge. Ich habe selbst das Blut von drei Verletzten an meinen Händen gehabt. In einem Land, in dem die Stadt nicht einmal eine Beerdigungszeremonie erträgt, braucht man nicht mehr über Demokratie und Menschenrechte reden" erzählt die Journalistin und spätere HEP-Abgeordnete Lely Zana.

Die Geheimpolizei hat Aydin umgebracht, sagen die einen, die Konterguerilla war es, versichern andere, gemeint ist in jedem Falle der Staat: denn egal, ob es die gefürchteten Spezialtrupps der Polizei - die sogenannten "Rambos" sind - oder die "Abteilung für besondere Kriegsführung" - die Konterguerillas der Armee - für beide gilt: sie können ungehindert schalten und walten - ihr blutiger Terror wird von der Regierung und den Gesetzen gedeckt.

Die Ermordung Verdat Aydins und die Ereignisse im Zusammenhang mit seiner Beisetzung verschärften die Lage in Südostanatolien. Auffällig war, daß Demonstrationen in der Folgezeit nicht nur von öffentlichen Plätzen, Fabriken oder Schulen ausgingen. Die Unruhen begannen jetzt meist nach den Freitagsgebeten, vor den Moscheen. Die Moscheen - Zentren des islamisch-religösen Lebens - wurden zunehmend auch Zentren des Widerstandes. Die PKK wußte diese Entwicklung für sich zu nutzen - es gelang ihr, sogar Imame zu rekrutieren.

Die veränderte Simmungslage innerhalb der Bevölkerung im Jahre 1991 ist von einer Reihe von Journalisten bestätigt worden. Die folgende Reportage des Verfassers entstand nach einem Besuch in Südostanatolien im Oktober 1991:

Als wir jetzt - Oktober - die Stadt Cizre, dem Ausgangspunkt der Intifada, besichtigen, ist äußerlich alles ruhig - sieht man einmal von den Panzerfahrzeugen ab, die vereinzelt durch die Straßen fahren. Früher sind hier täglich hunderte von Lastwagen durchgefahren - Cizre ist der Knotenpunkt des Straßenverkehrs nach Syrien und in den Irak gewesen - seit dem Golfkrieg ist der LKW-Strom nahezu versiegt. Aber als wir mit dem Tonbandgerät und der Kamera durch die Hauptstraße gehen, ziehen uns ein paar Männer sofort aufgeregt in ein Straßencafe: wenn euch die Polizei sieht, nehmen sie euch die Geräte ab, sagen sie.

Erst vor ein paar Tagen hat ein PKK-Kommando vom Hotel aus das gegenüberliegende Polizeirevier unter Beschuß genommen - mit den üblichen Folgen, sagt Bürgermeister Hashim Haschimi: "Täglich gibt es Bedrohungen, Gefangennahmen, Folterungen, usw. Und wenn es Gefechte zwischen der PKK und den Soldaten gegeben hat, wird das Volk anschließend mit hunderten von Schüssen überall in der Stadt aufgeschreckt.

Man weiß nicht, von welcher Seite die Schüsse überall kommen. Sie schießen auf die Häuser, auf die Dächer. Im

Sommer hat die Bevölkerung wie in einer Höhle gelebt. Es ist sehr heiß im Sommer, und man kann nicht im Zimmer, sondern nur auf dem Dach schlafen. Aber weil praktisch jeden Tag auf die Häuser geschossen wurde, haben alle in den Zimmern geschlafen - es war die Hölle."

Haschim Haschimi, der Bürgermeister, ist ein mutiger Mann. Der eigentlich der fundamentalistischen Refah-Partei angehörende Haschimi hat sich auf die Seite des Volkes gestellt. Als wir von seinem Haus zum Rathaus fahren wollen, wartet ein Dutzend unbewaffneter Männer auf der Straße: sie lassen ihn keine Sekunde aus den Augen, wollen ihn schützen - denn in den letzten Wochen ist Haschimi zweimal nur knapp einem Mordanschlag entkommen.

Haschimi sagt, es war die Geheimpolizei, aber weil er sich von der Refah-Partei getrennt hat - wegen ihrer Listenverbindung mit den faschistischen "Grauen Wölfen" - glaubt er, man würde seinen Tod religiösen Fanatikern in die Schuhe schieben wollen. Ob denn die Menschen in Cizre inzwischen hinter der PKK stehen, frage ich? Seine Antwort ist bezeichnend:

"In der Türkei ist die Freiheit der Zivilverwaltung, also auch eines Bürgermeister, sehr begrenzt. Ich kann nicht wie ein europäischer Bürgermeister meine Meinung frei sagen, deswegen werde ich die Frage nicht beantworten."

Überall das gleiche Bild - ob in Cizre, Hakkari, Van, Mardin: Sobald es zu Zusammenstößen mit der PKK kommt, ist jeder Bürger ein Sympathisant, ein Helfershelfer der PKK. In Idil hatten sich vor drei Wochen Guerilleros und Soldaten zwei Stunden ein heftiges Gefecht geliefert - zwei PKK-Leute und viele Soldaten wurden dabei getötet. Anschließend hat die Konterguerilla die Menschen 17 Stunden lang terrorisiert - die Häuser beschossen, Menschen wahllos aus den Wohnungen gezerrt und tagelang im Gefängnis mißhandelt und gefoltert. Dabei ist der Verdacht, die Menschen würden der PKK helfen, nicht unbegründet:

In den besonders umkämpften Städten entlang der syrischen und irakischen Grenze steht ein Großteil der Menschen hinter der PKK - zu mehr als 80 Prozent, sagen viele. Und weil Beerdigungen von erschossenen PKK-Leuten zu Demonstrationen ausarten, verscharrt die Polizei die Leichen in anderen Orten. Aus diesem Grund gehen immer mehr Leute nach blutigen Gefechten an den Schauplatz und behaupten, der Erschossene sei ihr Sohn, um ihm ein würdiges Begräbnis zu verschaffen. Wie radikalisiert viele Leute inzwischen sind, zeigt das Beispiel einer Mutter, deren 20jähriger Sohn sich der PKK angeschlossen hatte und mit Giftgas getötet worden war. Ihre 14jährige Tochter machte sich daraufhin auf den Weg in die Berge, um sich mit sieben anderen blutjungen Jugendlichen gleichfalls der PKK anzuschließen - unterwegs wurden sie von Dorfschützern aufgegriffen und dann von Konterguerillas erschossen und verscharrt. Vier Töchter hat sie noch, aber keine Angst, daß ihnen ein ähnliches Schicksal droht:

"Ich habe noch vier Töchter, die alle ihren Weg gewählt haben. Auch wenn sie sagen, sie wollen auch zur PKK gehen, kann ich es nicht verhindern - es liegt in ihrem Herzen. Und ich selbst unterstütze auch diese Bewegung. Ich denke nicht nur an meine Kinder - für mich sind alle Kinder in Kurdistan meine Kinder. Ich möchte alle Kinder schützen, die kämpfen."

Ihre 19jährige Tochter meint: "Ich glaube nicht, daß das kurdische Volk seine Grundrechte auf parlamentarischem Weg erreichen kann. Denn die türkische Regierung, die Ministerpräsidenten, die Stadtvorsitzenden und so weiter sind unfähig, eine politische Lösung zu finden. Ihre Politik wird vom Militär diktiert. Das heißt: die zeigen uns die Gewehre, und wir müssen ihnen die Gewehre auch zeigen - ohne Kampf werden sie uns unsere Menschenrechte nicht geben."

Wie viele Opfer hat dieser sinnlose Krieg schon gefordert? In kargen Bulletins teilt das türkische Innenministerium immer wieder Statistiken mit: Mitte September waren es demnach seit

1984 rund 450 Soldaten, mehr als 50 Polizisten, rund 100 "Dorfschützer" und etwa 100 Zivilisten. Die Zahl der getöteten Guerillas liegt bei nahezu 1.000 - die PKK bestätigt dies übrigens -; 800 sind festgenommen worden - aber mehr als diese Zahlen sind nicht zu erfahren: Interviewwünsche - etwa beim Regionalgouverneur in Diyarbakir - werden mit dem Hinweis auf den Ausnahmezustand abgeblockt, schriftliche Anfragen an das Außenministerium bleiben unbeantwortet.

Journalisten schätzen die Zahl der Opfer auf 3.000 bis 4.000. Und immer noch sind darunter eine Vielzahl von Menschen, die zu Tode gefoltert werden: nach Angaben des türkischen Menschenrechtsvereins sind zwischen Januar und September 1991 18 Todesfälle nach Folterungen bekannt geworden.

Auch Leyla Zana, die Ehefrau des früheren Bürgermeister von Dijabakir, Mehdi Zana, der 12 Jahre im Gefängnis saß und oft gefoltert wurde - auch Leyla Zana hat in diesem Jahr 56 Tage im Gefängnis gesessen:

"Als ich im Gefängnis einen Bekannten besuchen wollte, kam es zwischen den Polizisten und mir zum Streit. Sie brachten mich deswegen zum Polizeirevier. Sieben Tage haben sie mich gefoltert, mit Stöcken geschlagen, mit Elektroschocks gequält, alles mögliche mit mir gemacht. Nach sieben Tagen haben sie mich zum Gericht gebracht und danach nochmal 50 Tage ins Gefängnis gesteckt.

Das eigentliche Ziel der Regierung ist dabei nicht die physische Gewalt: sie wollen die Menschen wie bei einer Gehirnwäsche in ihrer Wahrnehmung zerstören. Ich selbst war mit 15 Frauen in einem dreckigen Saal - mit Mäusen, Käfern, Ungeziefer, offener Toilette, keinerlei Hygiene. In dieser Situation kann ein normaler Mensch nicht leben, wenn er seine Hoffnung verloren hat."

Die Journalistin Leyla Zana ist Kandidatin der pro-kurischen "Volkspartei der Arbeit" - kurz HEP - bei den Parlamentswahlen.

Alle HEP-Kandidaten, die wir in Diyarbakir treffen, bestätigen uns übereinstimmend, daß sie alle entweder bereits im Gefängnis waren - und gefoltert wurden -, oder daß ihnen dies zwangsläufig passieren würde:

Folterungen, die rücksichtslosen Militäreinsätze besonders nach Terroranschlägen der PKK, die Deportationen in den Dörfern und die damit verbundenen Verwüstungen - das alles hat die Situation in den kurdischen Gebieten seit dem Frühjahr 1990 entscheidend verändert. Die Menschen solidarisieren sich, denken politischer, werden radikaler. Immer öfter geraten Beerdigungszeremonien zu Protestzügen, werden die Freitagsgebete in den Moscheen Anlaufstellen für diejenigen, die sich der staatlichen Willkür nicht mehr beugen wollen - das Beispiel Iran hat gezeigt, wohin dies führen kann.

Der eigentliche Schulterschluß aber hat zwischen großen Teilen der Bevölkerung und der einst gefürchteten PKK stattgefunden. Auch wenn es für einen ausländischen Journalisten schwer nachprüfbar ist, ob wirklich 80, 90 oder gar 95 Prozent der Menschen hinter der PKK steht, wie oft behauptet wird: es kann kein Zweifel daran bestehen, daß es der PKK über den bloßen Terror hinaus gelungen ist, auch mit Hilfe der Intellektuellen den Protest aus den Bergen in die Städte zu tragen, ihn zu organisieren - und die Menschen davon zu überzeugen, daß ihre Unterdrückung, ihr soziales Elend mit der ungelösten nationalen Frage zu tun hat. Ismeth Atesh, einer der Vordenker der kurdischen Bewegung ist überzeugt: "Es gibt eine neue Bewegung in Kurdistan: auf den Bergen kämpfen die Guerilla, in den Dörfern die einfachen Menschen, in den Städten die Intellektuellen. Alle gesellschaftlichen Klassen erheben sich für ihre Rechte. Der Golfkrieg war deswegen auch gut für die Kurden, weil sie die Einstellung der westlichen Länder sehen konnten. Als Saddam Hussein in Halabja tausende von Kurden mit chemischen Bomben getötet hat, haben sie geschwiegen.

Aber als er ihre Ölvorräte bedroht hat, hat sich die ganze Welt empört - das haben viele Kurden klar erkannt. "

Tatsächlich hat das Elend der irakischen Kurden auch Auswirkungen bei den türkischen Kurden. Seit dem Golfkrieg ist das Nationalbewußtsein vieler Kurden zweifellos gewachsen: Jetzt erinnert man sich daran, daß Saddam Hussein nach dem iranisch/irakischem Krieg im März 1988 in Halabja ein Massaker anrichtete und 5.000 Menschen durch den Einsatz von Giftgas mit einem Schlag tötete.

Und jeder Kurde weiß, daß die Alliierten zugesehen haben, als Saddam nach dem Golfkrieg mit Hubschraubern wieder Giftgas auf die Menschen im Nordirak versprühte, Tausende tötete und Hunderttausende in die Berge vertrieb - die Bilder des unbeschreiblichen Elends der Flüchtlinge sind noch in unser aller Erinnerung: das alles trägt dazu bei, daß unter den Kurden ein in vielen Jahrzehnten zugeschüttetes Nationalbewußsein langsam wieder erwacht.

Der Schriftsteller Musa Anter, ein ehemaliger Großgrundbesitzer aus dem Gebiet von Urfa, ist einer der geistigen Führer der kurdischen Bewegung, seit er vor vielen Jahren als einer der ersten die Rechte der Kurden öffentlich einklagte: "In Kurdistan ist das Nationalbewußtsein der Kurden ungefähr auf dem Stand wie bei den Deutschen in Preußen zu Bismarcks Zeiten. Bismarck hat die Fürstentümer vereinigt und Deutschland gegründet. In ihrem Bewußtsein sind die Kurden noch in der Bismarckzeit. Und unser Bismarck ist "Apo", Abdullah Öcalan - Apo heißt Onkel. Aber es ist jetzt schon so: Wo immer etwas mit Kurden passiert, fühlen sich alle betroffen - da kann man sehen, daß sich das kurdische Nationalbewußsein entwickelt. "

Natürlich werden nationale Gefühle auch durch die internationalen Entwicklungen geschürt. Die nationalen Erhebungen in der Sowjetunion und in Osteuropa, aber auch die Tatsache, daß seit dem Elend der irakischen Flüchtlinge die Weltöffentlichkeit zum ersten Mal Notiz von der Existenz der Kurden genommen

hat - es macht vielen Hoffnung, egal wie realistisch das ist. "Die
werden uns helfen," sagen viele: Die, das ist der Westen, die
europäische Gemeinschaft vor allem.

Hashim Haschimi, der frühere Bürgermeister, ist inzwischen abgesetzt worden und sitzt im Gefängnis. Der Schrifsteller Mussa Anter wurde 1993 in Diyarbakir von "Unbekannten" auf offener Straße erschossen. Seit 1991 zeichnete neben der Konterguerilla (deren Existenz bzw. Einsatz in Südostanatolien offiziell noch immer bestritten wird) auch eine islamische "Hisbollah" für Anschläge und Morde verantwortlich. Die Hisbollah trat erstmals im Dezember 1991 in Erscheinung, als zwei ihrer Mitglieder einen Anhänger der PKK töteten. Über die Hintergründe der Hisbollah gibt es unterschiedliche Vermutungen, jedoch wird auch in der türkischen Presse davon ausgegangen, daß sie mit staatlichen Stellen kooperiert oder sogar offiziell gesteuert wird. Bei Festnahmen droht die türkische Polizei immer wieder damit, den Betroffenen der Hisbollah auszuliefern, die ihre Opfer rücksichtslos tötet.

Der Menschenrechtsverein von Diyarbakir dokumentierte für 1991 152 Ermordungen unbewaffneter Zivilpersonen auf offener Straße. Die türkische Menschenrechtsstiftung in Ankara machte in einer Untersuchung von 50 Morden bzw. Entführungen in den ersten 4 Monaten 1992 die Konterguerilla verantwortlich. Keiner der Morde ist von staatlichen Ermittlungsbehörden jemals aufgeklärt worden: Die Behörden pflegen sich hinter der Standardauskunft, es würde sich um Schießereien unter Extremisten handeln, zurückzuziehen.

Im Zuge des "unveröffentlichten Krieges" kam es seit 1992 wiederholt zu Massakern an der Zivilbevölkerung, für die sich das Militär und die PKK gegenseitig verantwortlich machten. Trauriger Höhepunkt war das kurdische Neujahrsfest Newroz am 21. März 1992. In den Städten Cizre, Sirnak, Nusaybin und Van wurden bei Kundgebungen von tausenden von Menschen

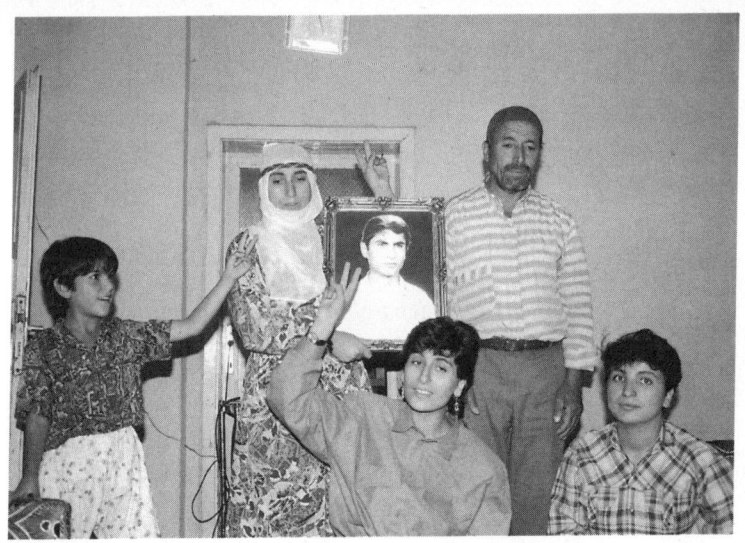

Kurdische Familie mit dem Bild des im Guerillakrieg getöteten Sohnes

Interview mit Numan Uncar ("Mahir"), ARGK-Kommandant und ZK-Mitglied der PKK

über 100 erschossen und mehrere hundert schwer verletzt. In Cizre wurde darüberhinaus auf eine Gruppe von Journalisten gezielt das Feuer eröffnet, ein Journalist der regierungsnahen Zeitung "Sabah" wurde getötet. Vertreter von Menschenrechtsorganisationen, ausländische Journalisten und Abgeordnete der HEP-Partei wurden festgenommen, mißhandelt, ihr Material beschlagnahmt und zerstört. Die türkische Regierung machte die PKK verantwortlich und erklärte, die Guerillas hätten aus der Menge heraus das Feuer auf das Militär eröffnet. Ausländische Beobachter widersprachen dieser Darstellung: demnach sei von Sicherheitskräften grundlos das Feuer auf die Demonstranten eröffnet worden. Unter den Toten befanden sich zahlreiche Frauen, Kinder und alte Menschen. Eine englische Menschenrechtsdelegation berichtete, daß in Sirnak Polizei und Militär über einen Zeitraum von 22 Stunden Häuser, Geschäfte und Büros beschossen hätten. Eine Parlamentarierdelegation der sozialdemokratischen Partei SHP (seit 1991 Koalitionsmitglied in der Regierung) ermittelte, daß in allen Fällen die Sicherheitskräfte das Feuer auf unbewaffnete Versammlungsteilnehmer eröffnet hätten. Der Bericht wurde vom stellvertretenden Ministerpräsidenten Inönü (gleichzeitig Vorsitzender der SHP) im türkischen Parlament mit der Bemerkung zurückgewiesen, sie - die Abgeordneten - hätten wohl noch immer nicht begriffen, daß die SHP an der Regierung beteiligt sei.

Ein weiteres markantes Beispiel war das Massaker von Sirnak vom 18. - 21. August 1992, das zu einer vorübergehenden Suspendierung der deutschen Militärhilfe an Ankara führte.

Nach offizieller Darstellung hatten 1.500 (später war von 500 die Rede) Guerillas Sirnak überfallen, sich in nahezu allen Häusern verschanzt und mit Kalaschnikows, schweren Maschinengewehren, Raketenwerfern und Mörsern in die Stadt geschossen. Die Sicherheitskräfte hätten daraufhin auf die Häuser, in denen sich die Guerillas verschanzt hätten, das Feuer eröffnet. Die Gefechte hätten noch zwei Tage angedauert - das

Ziel der PKK sei es gewesen, die öffentliche Meinung gegen die Türkei aufzuhetzen. Unstrittig war, daß nach diesen zwei Tagen praktisch die gesamte Innenstadt von Sirnak zerstört war und über 500 Zivilisten ums Leben gekommen waren. In der Stadt waren sämtliche Häuser in Mitleidenschaft gezogen, sämtliche Fensterscheiben zerstört.

Sirnak wurde nach den Gefechten hermetisch abgeriegelt, Journalisten nicht zugelassen. In einem Bericht der "Turkish Daily News", die ausführlich in Sirnak recherchiert hatte, wurden später zahlreiche Widersprüche in der offizellen Version aufgedeckt. Von Amateurfunkern wurden Funkgespräche des Gardekommandanten mitgeschnitten, in denen Soldaten aufgefordert wurden, Häuser gezielt zu zerstören. In seinem Buch über die PKK zitiert der türkische Journalist Ismet Imset zahlreiche Zivilisten und Polizisten, die von einem Überfall der PKK nichts bemerkt hatten: offensichtlich hatte das türkische Militär zwei Tage lang Sirnak gezielt (teilweise mit Helikoptern) unter Beschuß genommen, um die PKK zu diskreditieren.

Wenige Tage nach dem Massaker, am 26. September 1992, beschloß der Nationale Sicherheitsrat unter Vorsitz von Staatspräsident Özal, die "Terrororganisation überall, in den Bergen, auf dem Land, in der Stadt, im In- und Ausland" zu verfolgen. Der Krieg zwischen der Türkei und der PKK hatte eine weitere Dimension angenommen, die bis heute andauert. Ähnliche Massaker wie in Sirnak ereigneten sich in der Folgezeit in Lice (Oktober 1993) und Kulp. Einwohner berichteten, das Militär hätte Flugzeuge, Hubschrauber und Panzer eingesetzt. Die Bombardierung Lices rechtfertigte das Militär mit der Ermordung des Oberkommandierenden der Gendarmerie durch die ARGK und eines Angriffes auf die Militärstationen der Stadt. Bei den Bombardierungen wurden ca. 380 Zivilisten getötet.

Verhärtete Fronten

Bei einer Inspektionsreise durch die Kurdenprovinzen im Oktober 1992 heftete Generalstabschef Dogan Güres Brigade-Kommandeur Mete Sayar, der den Angriff auf Sirnak befehligt hatte, einen Orden an die Uniform, in "Anerkennung besonderer Verdienste".

Politisch hatte die Regierung im Herbst 1992 im Südosten nichts mehr zuzusetzen. Die nach 1983 von Staatspräsident Özal initiierten Entwicklungsprogramme (vor allem das Südostanatolien-Projekt zur Elektrizitätserzeugung und künstlichen Landbewässrung der Region zwischen Euphrat und Tigris) brachten nicht den gewünschten wirtschaftlichen Aufschwung. Nach wie vor blockierten mächtige Stämme und Agas Ansätze zur Landwirtschaftsreform. Das Durchschnittseinkommen lag in den Südprovinzen mit etwa einem Viertel des Landesdurchschnitts auf demselben Niveau wie 1984. Die Analphabetenquote (dreimal so hoch wie im Westen der Türkei) blieb mancherorts bei 80 Prozent. Die medizinische Versorgung war katastrophal - während in Istanbul auf rund 500 Einwohner ein Arzt kommt, muß in Kurdenprovinzen wie Siirt oder Hakkari ein Doktor 5.000 Menschen versorgen, die weit im Land verstreut leben und in den zerklüfteten Bergregionen zumindest im Winter kaum erreichbar sind.

Von 29 Fleischverarbeitungsfabriken, die Ende der achtziger Jahre mit staatlichen Subventionen aufgebaut wurden, standen 1992 bereits 19 still. Beamte, Lehrer, Krankenschwestern, Techniker und Verwaltungsangestellte, die in den Krisenregionen ohnehin doppelt so viel wie im Westen der Türkei verdienen, schickten ihre Familien und ihr Gehalt in den Westen.

Großbanken und Handelsketten schlossen eine Filiale nach der anderen: die Kurdenregionen bluteten wirtschaftlich aus - denn wer immer eine Chance hatte, sich in den Westen zurückzuziehen, nutzte sie. Im Zuge der Landflucht hatten hunderttausende den Kurdengebieten den Rücken gekehrt. Arbeitslosigkeit, Armut und Analphabetentum spielten zweifellos der PKK weiter in die Hände, die ihrerseits gezielt staatliche Förderprogramme attackierte. Offenbar hatte die türkische Regierung den Südosten politisch aufgegeben und suchte ihr Heil ausschließlich in einer militärischen Lösung.

Kennzeichnend dafür war der Rückzug der Militärs und Sicherheitskräfte in die Kasernen und Stationen. In Botan (das Gebiet umfaßt die am meisten umkämpften Regionen) herrschte Anarchie, örtliche Autoritäten hatten vielerorts keinen Einfluß mehr.

In dieses Vakuum drang die PKK ein. In etwa zwanzig Kreisen im Südosten, in hunderten von Dörfern und zahlreichen Städten begann die PKK, das öffentliche Leben zu organisieren. Die Partei erließ eigene Gesetze, installierte regelrechte "Volksgerichte", die sich mit Alltagsproblemen wie Streitigkeiten um Grundbesitz, Ehescheidungen, aber auch Blutfehden und Rauschgiftvergehen auseinandersetzten. In Städten wie Cizre wurden die staatlichen Gerichte kaum mehr in Anspruch genommen. In zahlreichen Ortschaften begannen "Abgeordnete", die im November 1992 in Europa in ein "Exilparlament" gewählt worden waren (an diesen Wahlen hatten sich in Deutschland zum Beispiel rund 50.000 Kurden beteiligt), politische Arbeit zu organisieren. Im Südosten der türkischen Republik herrschte (und herrscht) die schizophrene Situation, daß tagsüber das Militär, nachts die PKK das Gebiet kontrolliert. Die Angriffe und Bombardierungen des Militärs auf Städte wir Sirnak, Lice und später auch Cizre (im Januar 1994) waren die Antwort auf die Etablierung der PKK als politische Kraft in den Krisenregionen.

Im Frühjahr 1993 kam es zu einem bemerkenswerten Ereignis. Am 17. März 1993 verkündete PKK-Generalsekretär Abdullah Öcalan einen einseitigen, bis zum 15. April befristeten Waffenstillstand, um die kurdische Frage friedlich zu lösen. Am 29. März 1993 unterzeichneten Öcalan und Kemal Burkay, der Generalsekreetär der PSK, der "Sozialistischen Partei Kurdistans" (mit der die PKK lange befeindet war) ein gemeinsames Protokoll: das Protokoll forderte unter anderem eine Aufhebung der Ausnahmegesetze, Abschaffung des Dorfschützersystems und eine demokratische Verfassung, die die Rechte und die Existenz mit einbezieht. Zum ersten Mal hatte die PKK damit ihre Forderung nach einem unabhängigen Kurdenstaat aufgegeben. Jetzt hieß es: "Wir sind der Überzeugung, daß in einer solcherart demokratischen Struktur beide Völker brüderlich und friedlich miteinander leben können". Auf einer Pressekonferenz am 16. April 1993 in Bar Elias in der Bekaa-Ebene verlängerte Öcalan den Waffenstillstand auf unbefristete Zeit. An der Pressekonferenz waren - neben Kemal Burkay - auch der Führer der Patriotischen Union Kurdistans (PUK, einer irakisch-kurdischen Organisation), Celal Talabani, der Generalsekretär der "Demokratischen Partei Kurdistans-Hevgirtin" (Hevgirtin PDK) und der Generalsekretär der "Volkspartei der Arbeit" (HEP, die mit der SHP im türkischen Parlament sitzt) anwesend. Damit stand erstmalig eine breite kurdische Front hinter der PKK - und hinter der Forderung nach einer politischen Lösung innerhalb der Türkei.

Die PKK sprach von einer "neuen historischen Phase", die freilich mitbestimmt wurde von der Entwicklung im Irak. Denn der kurdisch-irakische Koalitionspartner der PUK, die KDP Massoud Barzanis, hatte sich auf ihrem Territorium mit der PKK blutige Gefechte geliefert und die PKK schließlich entwaffnet: die zahlreichen Camps an der irakisch-türkischen Grenze mußten zeitweilig aufgegeben werden - der PKK wurde ein zentrales Camp in Zehle nahe der irakisch-iranischen Grenze zugewiesen (einige Wochen später hatte die PKK ihre alten Camps wieder aufgebaut). Gleichzeitig rüstete die türkische Armee zu einer Frühjahrsoffensive gegen die PKK auf irakischem Territorium.

Das Verhandlungsangebot der PKK wurde von der türkischen Regierung abgelehnt. In der Folgezeit beschuldigten kurdische Organsationen das Militär, massiv gegen den (allerdings von Ankara nie akzeptierten) Waffenstillstand zu verstoßen. Am 17. September überfiel ein PKK-Kommando in Bingöl einen Bus mit 34 (unbewaffneten) Soldaten und tötete die Insassen. Die Hoffnung auf eine friedliche Lösung des Konflikts war damit endgültig zerstört.

Ende Oktober 1993 lud Staatspräsident Demirel zwölf einflußreiche kurdische Stammesführer nach Ankara ein: Grund dieses seltsamen Empfangs war der Beschluß des Nationalen Sicherheitsrates, das Dorfschützersystem weiter auszubauen.

Die Aufrüstung des Dorfschützersystems (Schätzungen über die heutige Zahl der Dorfschützer schwanken zwischen 20.000 und 50.000) und die gezielte Bombardierung der Dörfer und Städte haben den Südosten der Türkei vielerorts entvölkert. In Lice, Sirnak und auch in Cizre gelang es dem Militär, die PKK zu vertreiben. Am 10. Januar 1994 nahm türkische Artillerie Cizre unter Beschuß. Am 22. Januar nahmen Sicherheitskräfte in einigen Stadtvierteln alle männlichen Bewohner über zehn Jahre fest. Berichten zufolge wurden alle ausnahmslos mißhandelt. Anschließend zogen Dorfschützer - die nach dem Demirel-Empfang vom Oktober 1993 geholt worden waren -, Polizisten und Mitglieder von Sondereinheiten durch die Straßen und schossen wahllos auf Häuser, Menschen und Vieh. Die Dorfschützer des Stammesführers Ataks üben seitdem ein regelrechtes Schreckensregime aus. Cizre ist heute eine Geisterstadt. Einige Tausende flohen in den Nordirak, andere in den Westen oder nach Diyarbakir. In den meisten Städten und Dörfern im kurdischen Ausnahmegebiet hat längst eine Fluchtwelle eingesetzt: vielerorts ist nur noch ein Zehntel der Einheimischen geblieben.

Im März 1994 diskutierte eine Internationale Kurdenkonferenz in Brüssel (Veranstalter waren "medico international" und das "Kurdistan human rights project") Möglichkeiten zur friedlichen Beendigung des Konflikts. Bereits zuvor hatte Öcalan signalisiert, er werde Beschlüsse dieser Konferenz als bindend akzeptieren. Anwesend war ERNK-Europavertreter Yilmaz Kani. Kani machte dabei deutlich, daß die PKK nicht mehr auf einen eigenen Kurdenstaat bestehe, sondern eine Autonomie oder auch föderative Lösung akzeptiere. In der Resolution der Konferenz ist von "Türken und Kurden als gleichberechtigte Bürger des Landes" die Rede. Der Brüsseler Vorschlag wurde von der türkischen Regierung postwenden abgewiesen.

Nach einem Bericht des Menschenrechtsvereins IHD sind im Mai 1994 infolge massiver Bombardements und Dorfzerstörungen durch die türkische Armee 35.000 Kurden in den Nord-Irak geflüchtet. In den Monaten Februar bis April 1994 sind laut IHD 61 oppositionelle kurdische Gewerkschaftler, Journalisten und Menschenrechtler ermordet worden. 138 Dörfer wurden zerstört, 2.115 Personen wurden festgenommen und gefoltert. Bei den Angriffen der Armee starben 109 Zivilisten. Umgekehrt sterben durch Anschläge und Angriffe der PKK täglich im Durchschnitt fünf bis sechs Soldaten, in vielen Fällen junge Wehrpflichtige aus anderen Regionen der Türkei. Mittlerweile sterben in den Ausnahmeprovinzen jeden Tag durchschnittlich 50 Menschen eines gewaltsamen Todes: Opfer von Anschlägen der PKK, von Übergriffen des Militärs, von Mordanschlägen "unbekannter Täter" (meist Konterguerilla).

Gleichzeitig stürzt der Bürgerkrieg die türkische Wirtschaft in ein Chaos. Der früheren Ökonomieprofessorin und jetzigen Regierungschefin Tansu Ciller ist es nicht gelungen, die Rezession in den Griff zu bekommen - die Inflationsrate liegt fast bei 100 Prozent. Der Krieg gegen die PKK hat seit 1984 95

Milliarden Mark verschlungen - jedes Jahr belastet er den Staatshaushalt mit weiteren 13 Milliarden Mark. Seit Jahresbeginn ist der Wechselkurs der türkischen Lira gegenüber dem Dollar um fast 60 Prozent gefallen. Hinzu kommt eine gigantische Auslandsveschuldung von 65 Milliarden Dollar.

Die schwerste Wirtschaftskrise seit der Gründung der Republik, Armut, Verschuldung und Inflation sind natürlich auch auf den Kurdenkonflikt zurückzuführen. Trotzdem zwingt sie die Regierung nicht, eine politische Lösung zu finden, wie vor den Kommunalwahlen vom 27. März 1994 spekuliert worden war.

Denn überaschenderweise ging die konservative "Partei des rechten Weges" (DYP) von Frau Ciller als stärkste Partei aus diesen Wahlen hervor. Ihr Koalitionspartner, die "Sozialdemokratische Volkspartei" (SHP), die auf einen Ausgleich mit den Kurden gedrängt hatte, mußte deutliche Einbußen hinnehmen. Frau Cillers Wahlparole "Jede Stimme für die DYP ist eine Kugel für die PKK " hatte offensichtlich Erfolg. In den türkischen Zeitungen wurde der Wahlsieg der DYP trotz der katastrophalen Wirtschaftslage auf die mehrheitlich in der türkischen Bevölkerung vorherrschende Einstellung zurückgeführt, der Kurdenkonflikt müsse endlich gelöst werden, egal wie. Die türkische Regierung wertete das Wahlergebnis jedenfalls als Bestätigung für ihren haren Kurs. Allerdings war bei den Wahlen zur Nationalversammlung 1991 die SHP von vielen gewählt worden, weil sie eine demokratische Kurdenlösung versprochen hatte. Unklar bleibt, welche Rolle die Islamisten von der "Wohlfahrtspartei" künftig spielen, die eine Autonomieregelung für die Kurden befürwortet hatten: nachdem die pro-kurdische DEP-Partei wegen massiven Drucks der Regierung nicht an der Wahl teilgenommen und die PKK zum Boykott aufgerufen hatte, waren in den kurdischen Gebieten fast ausnahmslos die Kandidaten der Fundamentalisten zu Bürgermeistern gewählt worden. Sicher ist, daß in der Jahresmitte 1994 das politische

Geschehen in Bezug auf den Kurdenkonflikt von den Militärs diktiert wird - und eine politische Lösung in weiter Ferne liegt.

Aussage von Yener Solyu,
Oberleutnant der türkischen Armee

Yener Solyu wurde im November 1991 gemeinsam mit zwei Unteroffizieren der türkischen Gendarmerie von der PKK im Gebiet von Sirnak gefangengenommen und nach einigen Monaten freigelassen. Yener Solyu lebt heute in Westeuropa und erhebt in einem Gespräch mit dem Verfasser schwere Vorwürfe gegen das Militär.

Y. Solyu:
Unser Auftrag in Sirnak lautete: Dorfschützer gewinnen, die Bevölkerung zwangsweise umzusiedeln und Bewohner für Spitzeldienste zu bestechen. Zuerst versuchten wir, ganze Stämme für uns zu gewinnen, verhandelten mit den Agas. Wir verhandelten auch mit Imamen, um religöse Stammesgegensätze (z.B. zwischen Aleviten und Suniten) für uns zu nutzen und die Stämme gegeneinander aufzuhetzen. Uns wurde befohlen, psychologischen Druck auf die Bevölkerung auszuüben. Wir arbeiteten eng mit der Konterguerilla zusammen - die Konterguerilla ist der illegale Arm der Armee. Die Konterguerilla untersteht direkt dem Generalstabschef, sie erhalten ihre Aufträge also direkt von der Regierung. Man kann unmöglich an sie herankommen, sie befragen oder gar anklagen.

In jedem Dorf hatten wir unsere Spitzel. Meistens versuchten wir, den Muchta, den Dorfvorsteher, zu bestechen. Die Spitzel mußten genau berichten, wer mit den Guerillas zusammenarbeite oder sie unterstützte.

Wir stellten die Bevölkerung vor die Wahl: entweder ihr arbeitet als Dorfschützer, oder ihr werdet in andere Provinzen

64

umgesiedelt. Am Abend inszenierten wir dann angebliche Auseinandersetzungnen mit den Guerillas, schossen auf die Fenster und richteten auch schwere Waffen gegen das Dorf. Weil die Leute von ihrer Ernte und ihrem Viehbestand abhängig sind, verwüsteten wir ihre Äcker und schlachteten das Vieh. Wenn das nichts half, riegelten wir das Dorf ab und schickten die Konterguerilla hinein. Sie verhörten die Leute, brachten einige um. Manchmal haben wir einfach aus Spaß die Häuser mit Flammenwerfern und Flugabwehrraketen beschossen, oder wir ließen nicht explodierte Handgranaten einfach liegen. Die meisten Menschen hauten dann ab. Ich hatte 16 Dörfer zu "betreuen": davon wurden binnen zwei Jahren elf entvölkert, inzwischen sind nach meinen Informationen noch einmal drei bombardiert und geräumt worden.

Natürlich haben wir die Leute auch gefoltert - nicht nur die Konterguerilla, auch die Gendarmerie und das Militär foltert - jeder hat die Vollmacht, Menschen zu foltern. Frauen wurden nackt auf Stühle gefesselt, ihre Augen verbunden, stundenlang auf die Brustwarzen geschlagen, mit Schlagstöcken vergewaltigt.

Meistens wurden die Leute in spezielle Kabinen mit einem halben Quadratmeter Fläche, nicht belüftet und nur mit einer kargen Glühbirne beleuchtet, gepfercht. Nach einigen Stunden wurden sie herausgezerrt, mit eiskaltem Wasser abgespritzt, verprügelt und dann an elektrische Drähte angeschlossen: der Plus-Pol an den kleinen Finger, der Minus-Pol am Fuß. Mit einer speziellen Drehstrommaschine wurden dann Stromstöße durch ihren Körper gejagt. Männern werden Roßhaare in den Penis eingeführt, bis sie ohnmächtig werden. Ein Arzt weckt sie dann wieder auf, dann geht die Prozedur von vorne los.

Um gefoltert zu werden, mußte man nicht als PKK-Kämpfer verdächtigt werden: es reichte, ein Kurde zu sein. Beim Militär gibt es ein Sprichwort: "Einen Kurden zu foltern, ist keine Schande". Jeder wird verdächtigt, die PKK zu unterstützen.

Zusammen mit meinen Kameraden bin ich in einen Hinterhalt der PKK geraten und festgenommen worden. Wir sind dann in die Berge gebracht worden, immer höher hinauf in ihre Camps. Je höher wir kamen, umso offener wurde die Unterstützung der Dörfer für die Guerilla. Ganze Esel-Konvois zogen abends von den Dörfern in die Berge, um die Guerilla zu versorgen. In einigen Dörfern trugen die Männer Uniformen der ARGK - damals ist mir klargeworden: diesen Krieg kann die Armee nicht gewinnen.

Kurdenführer Abdullah Öcalan

Biographische Daten von Abdullah Öcalan sind nur spärlich zu erfahren. Geboren im Jahr 1948, stammt er aus einer armen Bauernfamilie aus Omerli bei Urfa. In der Grundschule mußte er - wie alle kurdischen Kinder - Türkisch lernen. "Ich denke und plane komplett in Türkisch. Kurdisch kommt erst an zweiter Stelle" (Öcalan). In Gaziantep absolviert er die Mittelschule, arbeitet dann eine Zeitlang bei der Berufsberatung in Diyarbakir. 1966 geht er nach Ankara, um das Abitur zu machen.

Zu dieser Zeit gilt er noch als Bewunderer von Staatsgründer Mustafa Kemal Atatürk. Er ist sehr religiös, betet fünfmal am Tag, hat Kontakt zu religiösen Gruppen. 1969 liest Öcalan erstmals sozialistische Literatur ("Das Alphabet des Sozialismus"). Er beginnt, Artikel in der Schulzeitung zu schreiben. Schließlich studiert er politische Wissenschaften, ist tief beeindruckt von Lenin und dessen Buch über das "Nationale Selbstbestimmungsrecht". Anfang der 70er Jahre engagiert er sich in der Studentenbewegung in Ankara. 1975 schreibt er zusammen mit Mazlum Dogan und Mehmet Hayri Durmus eine Broschüre mit dem Titel "Das Manifest", in der er die wichtigsen Ziele und Aufgaben einer Revolution in Kurdistan schildert.

1979 - nach der Gründung der PKK - reist Öcalan nach Syrien. Mit Unterstützung der syrischen Regierung gründet er in der syrisch kontrollierten Bekaa-Ebene im Libanon zwei Akademien zur politischen und militärischen Ausbildung kurdischer Guerillas. Wegen des Militärputsches in der Türkei kehrt er nicht mehr zurück.

Der Erfolg von "Apo" (Onkel), wie ihn die Kurden nennen, ist schwer zu erklären. Ideologisch blendend geschult, hat er als

Der Kurdenführer Abdullah Öcalan (rechts)

PKK-Demonstration mit Öcalan-Transparent

Generalsekretär der PKK schnell eine unumschränkte Machtposition ausgebaut. Kritik an seiner Politik wurde nicht geduldet, er gilt als verantwortlich für zahlreiche Exekutionen innerparteilicher Kritiker aus dem engsten Führungskreis der PKK. Öcalan selbst gesteht ein, daß ein wesentlicher Teil seines Erfolges auf die Fehler der türkischen Politik gegenüber den Kurden zurückzuführen ist.

Ismet Imset, türkischer Journalist und Autor einer Studie über die PKK, attestiert einen Wandel Öcalans ab dem Jahr 1989: Öcalan sei ein Mann geworden, der "zuhören" könne.

Politisch zeigt sich dieser Wandel unter anderem in der Abschwächung der Gewaltpolitik gegenüber Zivilisten, vor allem aber in dr Veränderung der politischen Zielsetzung: Seit 1992 ist Öcalan von seiner Maximalforderung eines eigenen, unabhängigen Kurdenstaates abgekommen. Auf der Internationalen Kurdistan-Konferenz in Brüssel im März 1994 schlug er eine innertürkische Lösung mit der Anerkennung von Türken und Kurden als gleichberechtigte Bürger vor.

Während seines mittlerweile über zehnjährigen Aufenthaltes in Syrien und im Libanon hat der PKK-Generalsekretär zahlreiche Bücher und Broschüren verfaßt, die maßgeblich sind für die politische Ideologie der PKK-Kader (u.a. "Der Weg zur kurdischen Revolution", "Probleme der Pesönlichkeit und des Charakters der Kämpfer", "Der Volkskrieg in Kurdistan", "Die Frauenfrage und die Familie" und "Der revolutionäre Zutritt zur religiösen Frage".

Öcalan lebt heute weiterhin in einem abgeriegelten Viertel von Damaskus (und fährt, wie die türkische Botschaft mitteilt, einen roten Mercedes). Zeitweilig hält er sich auch in Griechenland und wohl auch in Zypern auf. Obwohl Öcalan weiterhin von Syrien geduldet wird, sind die PKK-Akademien im Bekaa-Tal und in Barlias aufgegeben worden. Das neue Ausbildungscamp der PKK befindet sich jetzt auf irakischem Gebiet in Zele. Dort soll sich auch Öcalan zeitweilig aufhalten.

Die offizielle Haltung der Türkei
zum Kurdenproblem und zur PKK

Pressemitteilung des "Büro des Premierministers,
Generaldirektor für Presse und Information"
vom 25. Januar 1994:

"Massaker in Mardin"
"Ungefähr 50 mit Raketen und Waffen längerer Reichweite
ausgerüstete Terroristen griffen am 21. Januar 1994, ungefähr
um 18 Uhr 30, gleichzeitig die Dörfer Ormancik und Akyürek
an. Trotz des Widerstandes der Dorfschützer gelang es den
Terroristen, in das Dorf Ormancik einzudringen, zwei Wachen
zu töten und das Haus eines Dorfschützers mit einer Brandbombe
in Flammen zu setzen. Frauen und Kinder, die in dem Haus
wohnen, flüchteten sich in ein Nachbarhaus, das ebenfalls
Feuer fing. Die Terroristen feuerten wahllos auf Frauen und
Kinder, die dem Feuer zu entfliehen suchten. Dann schossen
die Terroristen auf das Vieh und schnitten anschließend den
Kindern, die bereits tot waren, die Kehle durch. In dem Haus
starben insgesamt 16 Menschen, darunter sieben Kinder und
sechs Frauen.

Aufgrund des Widerstandes der Dorfschützer gelang es den
Terroristen in Akyürek nicht, in das Dorf einzudringen. Während der Schießereien wurden zwei Terroristen und zwei Dorfschützer getötet, vier Zivilisten wurden verletzt."

Eine - fast alltägliche Pressemitteilung der türkischen Regierung über neue Greueltaten der PKK. Die offizielle Haltung zur
PKK und zum Kurdenproblem lautet - mit einem Satz - gesagt:

"In der Türkei gibt es kein Kurden,- sondern nur ein Terrorismusproblem".

Der (regierungsfreundliche) türkische Journalistenverband in Ankara hat im April 1994 eine Publikation über "das wahre Gesicht der Terrororganisation PKK" verfaßt, die nach Angaben der Verfasser auf der "Grundlage von Erfahrungen und Berichten von Behörden" zusammengestellt ist und ein "Beweisdokument darstellt". Weil diese Publikation die offiziellen Standpunkte und Statements der türkischen Regierung zusammenfaßt, sind im folgenden Auszüge dokumentiert:

Die PKK behauptet, die Kurden in der Türkei würden als Menschen zweiter Klasse behandelt; sie könnten ihre eigene Sprache nicht sprechen und hätten kein Recht auf Bildung.

Wie bereits erwähnt, sind die Staatsorgane aufgrund Art. 10 der Verfassung verpflichtet, dem Prinzip der Gleichheit zu genügen. Folgende Punkte sind hervorzuheben:

Alle Staatsbürger ohne Rücksicht auf Herkunft dürfen:

- *Schulen ihrer Wahl besuchen,*
- *ihren Beruf frei wählen,*
- *nirgendwo (Schulen, Restaurants, Busse, Orte usw.) und in keinem Bereich (Leben, Sicherheit an Leib und Gut, Justiz) unterschiedlich behandelt werden, und*
- *niemand darf bei der Arbeitssuche, Festsetzung von Löhnen, bei Investitionen sowie bei der Gedanken- und Gewissensfreiheit bevorzugt werden.*

Diese Bestimmungen werden auch in der Praxis in vollem Umfang angewandt.
Die PKK behauptet, die Kurden in der Türkei dürften ihre eigene Sprache nicht sprechen.

Obwohl in der Verfassung Türkisch als Amtssprache verankert ist, wird auch für Staatsbürger, die nicht Türkisch sprechen können, Toleranz aufgebracht. So z.B. können sie auf Behörden, im Gericht, Krankenhaus usw. die Hilfe eines Dolmetschers in Anspruch nehmen.

In den vergangenen Jahren wurde der freie Gebrauch der kurdischen Sprache einschließlich der Veröffentlichung von Büchern, Zeitungen und Zeitschriften gesetzlich geregelt. Merkwürdigerweise jedoch fanden weder Publikationen noch Musikkassetten in kurdischer Sprache eine befriedigende Nachfrage. Entsprechende Aktivitäten in der Türkei haben aus Mangel an Interesse für Kurdisch von allein nachgelassen.

Politische Rechte

Die PKK behauptet, die Kurden in der Türkei besäßen keine politischen Rechte.

Alle Staatsbürger haben aktives und passives Wahlrecht und genießen die gleichen politischen Rechte.

Sie können sich fei um einen Posten ihrer Wahl bewerben. Sehr viele Generäle, Professoren, Botschafter, Minister, Ministerpräsidenten und erfolgreiche Unternehmer stammen aus dieser Region. Sie haben auch Aufstiegschancen bis zum Amt des Staatspräsidenten. Ein früherer Staatspräsident hat einmal gesagt, daß er trotz zum Teil kurdischer Vorfahren Staatspräsident geworden sei. Ferner gibt es in jedem Kabinett Minister kurdischer Abstammung.

Angesichts der oben geschilderten Tatsachen ist es schwer, Behauptungen nachzuvollziehen, wonach den Kurden Rechte vorenthalten würden und daher ihnen Autonomie gewährt werden müsse.

Fakten, die das soziale Leben betreffen

Die PKK setzt die Bevölkerung in der Region unter Druck und verübt unmenschliche Taten.

Hier einige Beispiele:

Jungen und Mädchen werden in die Bergkader der PKK aufgenommen und drogenabhängig gemacht. Mädchen werden für die Sexualbedürfnisse der PKK-Terroristen armenischer, arabischer und syrischer Abstammung mißbraucht. Schwangere Mädchen werden zur Abtreibung mit primitiven Methoden gezwungen. Zahlreiche Mädchen starben dabei. Diejenigen, die sich dagegen wehren, werden wegen Verrat an der Organisation erschossen.

Durch Repressionen erpreßt die Terrororganisationen den Dorfbewohnern in der Region Gelder, Nahrungsmittel und Kleidung, zwingt sie zur Waffen- und Munitionsbeschaffung und verschleppt Jugendliche zur Ableistung des sogenannten "Wehrdienstes" in die Berge. Bei fehlender Kooperationsbereitschaft erschießt sie Menschen ohne Rücksicht auf Frauen, Alte und Kinder, ja Säuglinge; ferner setzt sie Dörfer und Schulen in Brand und tötet Lehrer und Geistliche.

Unter Ausnutzung der Emotionen kurdischstämmiger Bürger in Städten versucht die PKK, sie gegen den Staat aufzuhetzen und diejenigen, die sich dagegen wehren, werden durch Drohungen verschiedener Art, meistens mit Waffengewalt, gezwungen, gegen den Staat zu opponieren.

Sie errichtet sogenannte Volksgerichte und verurteilt diejenigen, die sich ihr widersetzen oder die ihren Auftrag nicht gewissenhaft genug ausführen, zum Tode durch Erschießen.

Um im In- und Ausland den Eindruck zu erwecken, daß sie den Staat ersetze, zwingt sie die Bevölkerung zu Aktionen gegen den Staat, wie z.B. Schließung der Geschäfte, Massenversammlungen, Störfeuer.

Das soziale Leben in den Bergkader der PKK wird von Terror durch Unterdrückung und Gewalt beherrscht. Anstelle eines menschenwürdigen Lebens wird theoretisch und praktisch schwerpunktmäßig eine Ausbildung vermittelt, durch die die PKK-Terroristen sich eine brutale Gewaltbereitschaft aneigenen.

Der Anführer der PKK, Apo, sagt, er respektiere den religiösen Glauben der Bevölkerung. Doch die PKK-Terroristen ermorden auf Befehl führende Geistliche, Religionslehrer und junge Koranleser in Süd- und Südostanatolien, nur weil sie sich dem Willen der Organisation nicht beugten und nicht für sie propagierten. PKK-Terroristen verbrannten auch Koranbücher und schossen auf Moscheen. Wie läßt *sich diese Grausamkeit mit dem von Apo bekundeten Respekt vor dem Glauben anderer vereinbaren?*

Allen Organisationen, die je in der Geschichte für den Wohlstand, die Freiheit und die Unabhängigkeit der Gesellschaft einen bewaffneten Kampf geführt haben, war es gemeinsam, das Hab und Gut der Menschen, für die sie kämpfen, nicht anzutasten und sie nicht in Angst und Schrecken zu versetzen. Die PKK-Militanten jedoch scheuen nicht davor zurück, Kinder, Alte, Frauen, Lehrer und Beamte zu töten; alles Menschen, für die sie angeblich kämpfen. Sie nehmen auch ihr Hab und Gut in Beschlag.

Die Terrororganisation PKK fügt nicht nur der Türkei, sondern auch den westlichen Ländern Schaden zu. Sie beherrscht gegenwärtig den Rauschgifthandel in Europa und macht dadurch große Profite. Aus zahlreichen PKK-Zentren in Europa werden Drogen für Jugendliche in aller Welt vermarktet. Ein Teil der Drogengelder wird zwar für die Organisation verwendet; der Löwenanteil jedoch geht auf persönliche Kontos des Anführers und der führenden Funktionäre der PKK bei europäischen Banken. Diese Tatsache wurde auch durch Dokumente belegt, die nach dem Verbot der Organisation in Deutschland in ihren Schließfächern auf Banken beschlagnahmt wurden.

Die PKK erpreßt Gelder von Firmen, die Großaufträge erhielten, von Bus- und Transportfirmen, Tankstellen, Fabriken, Kleinhandwerkern, Profisportlern und Künstlern. Ferner werden Gelder durch kurdische Vereine im Ausland eingesammelt. Hinzu kommen die Gelder aus dem Drogenhandel. Ein Teil dieser Gelder wird für den Kauf von Waffen, Munition und Fahrzeugen für den bewaffneten Kampf ausgegeben. Ein Großteil jedoch fließt erwiesenermaßen auf die Konten des Anführers Apo und hochrangiger Funktionäre der politischen Kader in Europa. Für diese Funktionäre, die nicht zum bewaffneten Flügel der PKK angehören und nie in die Türkei kommen, steht der Eigennutz im Vordergrund.

Die Türkei leistet kurdischstämmigen Menschen, die aus dem Irak geflüchtet waren oder die noch im Irak leben, Wirtschafts- und Sozialhilfe.

Der größte und dringlichste Wunsch unserer Staatsbürger in Ost- und Südostanatolien ist vor allem die Herstellung von Ruhe und die Beseitigung der Arbeitslosigkeit. Es war die PKK, die den Frieden in der Region zerstörte und es ist ebenfalls die PKK, die die Bemühungen des Staates sabotiert, durch neue Investitionen in der Region die Arbeitslosigkeit zu beheben. Mit dem Ziel, die Verbesserung der Infrastruktur in der Region zu verhindern, stürmt sie öfters Baustellen und bedroht die dort tätigen Ingenieure und Arbeiter.

Die Machenschaften der Terrororganisation PKK

Die PKK wälzt die Verantwortung für die von ihr selbst geplanten und ausgeführten Aktionen auf den türkischen Staat ab und führt eine Desinformationskampagne. Als Beispiele seien genannt:

- Unaufgeklärte Morde,

- Brandstiftungen in Dörfern sowie deren völlige Zerstörung,

- Behauptungen folgenden Inhalts: Die Kurden würden als Bürger zweiter Klasse behandelt und ihre Identität werde nicht anerkannt. Die Kurden seien seit Jahrhunderten unterdrückt worden; Ihnen sei der Gebrauch ihrer Muttersprache verboten und keine Freiheit auf Bildung in eigener Sprache gewährt worden. Kurden seien in Gefängnissen gefoltert und getötet worden.

Die o.g. Taten bzw. Behauptungen werden von der PKK ständig auf die Tagesordnung gebracht. In Wirklichkeit handelt es sich dabei lediglich um Täuschungsmanöver der PKK:

Tatsache ist aber:
In den Gebieten, in denen die PKK agiert, werden öfters Morde verübt, deren Täter unbekannt sind. Die Ermittlungen haben ergeben, daß Morde dieser Art hauptsächlich drei Gründe haben:

1. Morde, die in der Region aus persönlichen Motiven, aus Blutrache oder anderen Gründen verübt werden, werden von der PKK für Propaganda ausgenutzt, indem das Gerücht verbreitet wird, der Staat sei für diesen Mord verantwortlich.

2. Ein weiterer Grund ist die Zwietracht innerhalb der PKK. Mitglieder werden getötet wegen Streitigkeiten um die Führerschaft, aus Rivalität oder aus Haß. Diese Morde werden geheimgehalten, um negative Auswirkungen auf die Basis zu vehindern. Somit fallen sie unter die Kategorie "unaufgeklärte Morde".

3 Schließlich erfolgen Attentate auf Personen, die die PKK für gefährlich hält. Es sind meistens Persönlichkeiten, die Popularität bei der Bevölkerung genießen und deren Ermordung zu scharfen Reaktionen führen würde.

Die Organisation schiebt die Schuld an solchen Morden geschickt dem Staat in die Schuhe.

Die PKK übt auf die Dorfbewohner, die dem Staat loyal gegenüberstehen, starken Druck aus, damit diese das Dorf verlassen. Dörfer, die sich dem Willen der PKK nicht beugen, werden unbewohnbar gemacht mit dem Ziel, das Vertrauen der Dorfbewohner in den Staat zu erschüttern und Propaganda gegen den türkischen Staat in der in- und ausländischen Öffentlichkeit zu schüren. Dabei wird nach einem hinterlistigen, brutalen Plan vorgegangen. Demnach überfallen PKK-Terroristen, bekleidet mit Uniformen türkischer Soldaten oder Polizisten, ausgewählte Dörfer und zerstören oder stecken Häuser in Brand. Auf diese Weise wird der Eindruck erweckt, als habe der Staat das alles verübt. Warum sollte ausgerechnet der Staat, der sich um den Wiederaufbau von durch Terroristen geschädigten Dörfern bemüht, so etwas tun?

Beispiele für die Greueltaten der PKK

Es genügt, ein paar Beispiele zu nennen, um zu zeigen, daß die PKK keine Organisation ist, die einen bewaffneten Kampf für die Freiheit der Kurden führt, sondern eine Terrororganisation von einer beispiellosen Brutalität:

- Sie tötet Bürger kurdischer Abstammung, darunter auch Säuglinge, Kinder und Frauen.

76

- Sie reißt Moscheen ab, wo Kurden beten. Sie tötet Menschen während des Gottesdienstes.

- Sie steckt Schulen in Brand, in denen kurdische Kinder unterrichtet werden, und tötet auch die Lehrkräfte.

- Sie zerstört medizinische Einrichtungen oder steckt sie in Brand, die Bürger kurdischer Abstammung medizinisch betreuen.

- Sie beeinträchtigt Investitionen in Ost- und Südostanatolien und zerstört Baustellen,

- zerstückelt und verbrennt die Leichen ihrer bei Gefechten getöteten Anhänger, damit sie nicht beschlagnahmt werden.

- Sie macht ihre Anhänger in den Bergen drogenabhängig, damit sie - ohne die Hintergründe zu kennen - bedingungslos kämpfen.

- Von kurdischstämmigen Bürgern, für die sie angeblich kämpft, erpreßt sie Gelder und tötet diejenigen, die sich widersetzen, zündet ihre Häuser und Ernte an und raubt ihnen das Vieh.

Keine Organisation, die für sich beansprucht, einen bewaffneten Kampf für ihr Volk zu führen, würde ihrem Volk Gewalt und Folter antun.

Die PKK verbreitet in der Region Propaganda, wonach der Staat absichtlich nichts gegen die Unterentwicklung und das Analphabetentum in der Region unternehme; ihrer Propaganda zufolge sei es der Staat, der die Ausbildung der Bevölkerung in dieser Region verhindere.

Tatsache ist jedoch, daß es die PKK ist, die sich ein analphabetisches Volk wünscht, um es leichter manipulieren zu können. Das erklärt auch ihre Aktionen, Lehrkräfte zu töten und Schulen niederzubrennen, die ja schließlich auch der Ausbildung kurdischstämmiger Kinder dienen. Infolge solcher Aktionen haben 240.000 Schüler in der Region keine Schule mehr und 92 Lehrkräfte fielen den PKK-Angriffen zu Opfer (Stand 25. November 1993). Dadurch wird die Bevölkerung in der Region unverdienterweise bestraft und kann das ihr gesetzlich zustehende Recht auf Bildung nicht wahrnehmen.

Auch die Aktionen der PKK, bei denen unschuldige und wehrlose Menschen, darunter auch Säuglinge, Frauen und Alte, ermordet werden, strafen ihre Behauptungen Lügen, sie kämpfe für die Menschenrechte. Selbst gegenüber den in den Bergen gefaßten PKK-Terroristen hingegen beachtet der türkische Staat die Menschenrechte und die rechtsstaatlichen Prinzipien.

Um keine Leichen zurückzulassen, die für Propaganda gegen die PKK benutzt werden könnten, bildet die PKK "Leichen-Vernichtungs-teams". Diese sammeln die Leichen der bei den Gefechten umgekommenen Terroristen ein und bringen sie an einen sicheren Ort, wo sie sie zerstückeln und anschließend unter Büsche vergraben oder in Flüsse oder tiefe Wasser werden. Den Gefährten, mit denen sie unter schweren Bedingungen monatelang in den Bergen zusammenleben, muten sie eine solche Barbarei zu.

Das medizinische Personal und die medizinischen Einrichtungen in der Region werden ebenfalls zur Zielscheibe der PKK. Das Personal verrichtet seinen Dienst in Angst und Schrecken vor den PKK-Terroristen. Kranke und Schwangere können daher unter sehr schweren Bedingungen behandelt werden.

Die PKK findet immer neue Methoden, um die Bevölkerung der Region durch Repressionen einzuschüchtern. In jüngster Zeit versucht sie, die Verteilung und den Verkauf von Zeitungen und Zeitschriften in der Region zu verbieten. Vor allem die Zeitungen und Zeitschriften, die die PKK nicht unterstützen und nicht für sie werben, werden von diesen Versuchen betroffen. Die PKK will die Bevölkerung der Region entmutigen und ihr Vertrauen in die Staatsgewalt erschüttern, indem sie ihr den freien Zugang zu Informationen und Fakten vorenthält. Dadurch soll auch verhindert werden, daß die Bevölkerung das wahre Gesicht der Organisation erkennt.

"ÖZGÜR GÜNDEM" und "DEP":
Niederschlagung und Verfolgung
der publizistischen und politischen Opposition

Am 2. März 1994 bot sich der geladenen Presse vor dem Gebäude der "Türkischen Großen Nationalversammlung" in Ankara ein einmaliges Schauspiel: ein riesiges Polizeiaufgebot hatte das Parlamentsgebäude umstellt. Beim Verlassen des Gebäudes wurden zwei Männer von Polizisten umzingelt, in Handschellen gelegt und mit Blaulicht abtransportiert. Die beiden - Hatip Dicle und Orhan Dogan sind Abgeordnete der prokurdischen DEP-Partei, ebenso wie vier weitere Abgeordnete, die einen Tag später ebenfalls festgenommmen wurden. Zuvor hatte das Parlament die Aufhebung der Immunität der sechs beantragt: ihnen wird "Separatismus, Sezessionismus, Aufhetzung von Bürgern zu blutigen Taten gegeneinander, der Versuch der Zersetzung der Republik Türkei, Unterstützung und Ausnützung des Terrors" und ähnliches vorgeworfen: Delikte also, für die ein Hochverratsprozeß und die Todesstrafe droht. Die Festnahme der kurdischen Abgeordneten war der Höhepunkt einer Kampagne, die die türkische Regierung seit Monaten gegen die "Partei der Demokratie" DEP geführt hat. Sie hing zusammen mit der bevorstehenden Kommunalwahl am 27. März: zunächst hatte der Generalstabschef Güres die Wahlen in den östlichen und südöstlichen Gebieten ganz zu vehindern versucht. Dann hatte der Zentrale Exekutivrat mit dem Ausschluß der DEP bei den Wahlen gedroht. Schließlich wurden - am 13. Februar - 320 Kandidaten festgenommen und nach Aussage der Partei gefoltert und mit dem Tod bedroht. DEP zog daraufhin seine Kandidatur zu den Wahlen zurück, zugleich rief die PKK die Bevölkerung zu einem Wahlboykott auf.

In den Augen der türkischen Regierung ist die DEP-Partei der legale Arm der PKK. Gegründet wurde die Partei im Mai 1993 - als Nachfolgepartei der "Volkspartei der Arbeit" (HEP), die damals vom Verbot bedroht war und dann auch verboten wurde. Mit der Gründung von HEP im März 1990 war der türkische Staat erstmals mit einer Partei konfrontiert, die offen für die Interessen der Kurden eintrat. Weil die Frist zur Zulassung zu den Parlamentswahlen 1991 nicht ausreichte, kandidierten die HEP-Vertreter auf der Liste der Sozialdemokratischen Partei SHP (von der sie sich später abspaltete). Aufgrund der HEP-Kandidatur erreichte die SHP insgesamt 18 Prozent der Stimmen im Südosten des Landes.

Bei den Kommunalwahlen hätte die DEP also die Chance gehabt, erstmals als unabhängige, pro-kurdische Partei zu kandidieren. Auch wenn die DEP-Partei zu Unrecht beschuldigt wird, der "legale Arm der PKK" zu sein, steht sie ihr doch faktisch sehr nahe. Sie fordert die "Aufhebung der Ausbeutung der Arbeiterklasse und Werktätigen", hat also ebenfalls ein marxistisches Profil, und unterstützt vor allem den "demokratischen Kampf des kurdischen Volkes". Aus diesem Grund war die Partei von Anfang an massiven Repressionen ausgesetzt - bis Anfang Mai 1994 wurden 75 DEP-Mitglieder ermordet. Im März verwüsteten Sprengstoffanschläge das Zentralbüro in Ankara sowie die Bezirksbüros in Mamak und Yenimahale. In der gleichen Nacht entkam der Generalsekretär der Partei nur knapp einem Mordanschlag. Einige Bürgermeister, die im September 1993 zur DEP übergetreten waren, erhielen vom Staat keine Zuwendungen mehr.

Noch wesentlich massiver als gegen DEP wird gegen kritische Journalisten, vor allem Angehörige der (seit Mai 1994 eingestellten) pro-kurdischen Zeitung "Özgür Gündem" vorgegangen. Die meisten der etwa 200 Mitarbeiter der im Mai 1992 gegründeten Zeitung sind Kurden. Die politisch links eingestellte Zeitung sympathisiert offen mit der kurdischen Sache, berichtet über die Ereignisse im Südosten der Türkei, und druckt auch Stellungnahmen und Interviews der PKK und Abdullah Öcalans ab. Vom ersten Erscheinungstag an ist die Zeitung unter ständiger Überwachung. Die Ausgaben werden zensiert und dürfen oft nicht erscheinen. Einige ihrer Journalisten und Zeitungsverkäufer wurden ermordet oder verschwanden spurlos.

Bereits im ersten Erscheinungsjahr 1992 wurden 39 Ausgaben der Zeitung beschlagnahmt. In den deshalb gegen den Inhaber Yasar Kaya eröffneten Prozessen wurde dieser zu einer Geldstrafe in Höhe von über 38 Millionen Mark verurteilt - ersatzweise drohen ihm über 100 Jahre Gefängnis. 1993 wurden nach Angaben des türkischen Menschenrechtsvereins sechs Journalisten und acht Zeitungsverkäufer ermordet, 51 Journalisten wurden inhaftiert und gefoltert. Am 12. Dezember 1993 wurde die Zentralredaktion von "Özgür Gündem" in Istanbul von einem massiven Polizeiaufgebot umstellt. Alle 120 anwesenden Mitarbeiter wurden festgenommen. In den 18 Monaten, in denen "Özgür Gündem" (bis zum April 1994) erschien, wurden insgesamt 19 Mitarbeiter ermordet: kein einziger der Täter ist gefaßt worden. Nach Auffassung von Staatspräsident Demirel sind die Journalisten und Korrespondenten von "Özgür Gündem" keine Journalisten, "sondern Militante; sie bringen sich gegenseitig um". Insgesamt wurden gegen die Zeitung 380 Staatssicherheitsprozesse eingeleitet. Nach der Razzia vom 12. Dezember wurden darüberhinaus zahleiche Journalisten wegen "Mitgliedschaft in einer terroristischen Vereinigung" angeklagt: angeblich waren in den Redaktionsräumen u.a. Pistolen, Gasmasken, Aufstellungen über Geldsammlungen der PKK, Ausweise einiger von der PKK getöteter türkischer Soldaten, und große Medikamentenbestände zur Behandlung von Verwundeten gefunden worden.

Nachdem die Zeitung im April erneut mit einem dreiwöchigem Veröffentlichungsverbot belegt worden war, stellte "Özgür Gündem" ihr Erscheinen ein. Die Zeitung kommt jetzt unter dem Titel "Özgür Ülke" heraus.

Aktionsfeld Deutschland

Die PKK in Deutschland

Am Freitagmorgen schlug Bundesinnenminister Manfred Kanther (CDU) zu. Er zitierte die einschlägigen Paragraphen des Vereinsgesetzes und erließ - in elf Punkten aneinandergereiht - Verfügungen. Praktisch über Nacht war an diesem 22. November 1993 die "Arbeiterpartei Kurdistans" (PKK) einschließlich ihrer "Teil- und Nebenorganisationen" in den elf alten Bundesländern verboten. Als "Teil- und Nebenorganisationen" listete der ministerielle Erlaß die "Nationale Befreiungsfront Kurdistan" (ERNK), die BERXWEDAN-Verlags-GmbH, die Nachrichtenagentur KURD-HA sowie die "Föderation der Patriotischen Arbeiter- und Kulturvereinigungen aus Kurdistan in der Bundesrepublik" (FEYKA-Kurdistan) und das "Kurdistan-Komitee e.V." auf. "Das Verbot der PKK", so der Innenminister in einer über die Nachrichtenagenturen verbreiteten Meldung, "sei geboten, da sie (die PKK) mit Gewalttaten" ihre Ziele verfolge. Ihre Aktivitäten verletzten Strafgesetze, richteten sich gegen die Gedanken der Völkerverständigung und gefährdeten die Innere Sicherheit und die öffentliche Ordnung in Deutschland. Der Minister reagierte damit auf die Anschlagswelle kurdischer Demonstranten vom 4. November 1993 und tat damit gleichzeitig der türkischen Regierung einen großen Gefallen: Seit Mitte der 80er Jahre fordert Ankara ein PKK-Verbot auch in der Bundesrepublik.

Die Polizeibehörden gingen an diesem Freitag Morgen ordentlich zur Sache: In einer bundesweiten Polizeiaktion wurden über 170 Vereins-, Geschäfts- und Wohnräume durchsucht, Vereinslokale leergeräumt und versiegelt, Vereinsvermögen sichergestellt. Seitdem ermittelt das Bundeskriminalamt wegen des Verdachtes der "Bildung einer kriminellen Vereinigung".

In der deutschen Presse wurde das PKK-Verbot weitgehend begrüßt, auch wenn der allgemeine Tenor skeptisch war: "... ging wohl nicht anders, aber wem nützt's...".

Mit einem Schlag - und das ging in der Kommentierung weitgehend unter - waren in 29 Städten Vereine verboten, die für einen erheblichen Teil der in der Bundesrepublik lebenden ca. 500.000 Türken kurdischer Abstammung die einzige Begegnungs- und Kulturstätte ihrer Volksgruppe bedeuteten. Die Kurden in Deutschland machen sich seitdem - sobald sie in die Nähe dieser Vereine rücken - zu potentiellen Verdächtigen. Mußten diese Vereine herhalten, weil eine Organisation, eine Partei, eine Firma, eine Adresse namens PKK in Deutschland offiziell überhaupt nicht existierte? Das Problem des Bundesinnenministers (und in Zukunft sämtlicher mit dem Thema befaßten Ermittlungsbeamten, Staatsanwälte und Richter) ist das "Doppelleben" der PKK: Sie existiert als eigenständige und konspirativ aufgebaute Organisation - und sie handelt und agiert über die Vereine und die besagten Nebenorganisationen, die aber durchaus ihre Eigenständigkeit haben. Sie wird in der Bundesrepublik von schätzungsweise einer Viertelmillion Kurden als Befreiungsbewegung akzeptiert, ohne daß diese Menschen hinter jedem Anschlag, hinter jeder Liquidierung eines abtrünnigen PKK-lers oder gar hinter der politischen Ideologie der PKK stehen.Und sie ist - wie ein Experte des Bundesamts für Verfassungsschutz sagt - die "mit Abstand intelligenteste Untergrundorganisation auf dem Boden der Bundesrepublik".

Die Struktur der PKK
- die europäische Führungsebene

In Anbetracht der engen Beziehungen der Bundesrepublik zur Türkei (insbesondere des türkischen Geheimdienstes MIT zum BND) hat die PKK in Deutschland von Anfang an darauf verzichtet, sich als legale politische Partei zu etablieren. Stattdessen hat die PKK nach dem Muster ihrer Organisation in der Türkei verdeckte, also konspirative Strukturen insbesondere in der Bundesrepublik aufgebaut. Neben dieser "illegalen" Schiene (verboten war die PKK bis zum 22.November 1993 nicht) benutzte die PKK ab 1985 die von ihr gegründete "Nationale Befreiungsfront Kurdistan" ERNK, um zwar im Hintergrund, aber legal zu agieren.

Der Aufbau der PKK in Deutschland folgt - wie bei der PKK insgesamt - den Regeln des "demokratischen Zentralismus". Die "Befehlskette" vom Zentralkomitee unter Generalsekretär Abdullah Öcalan über das Exekutivkomitee in Damaskus reicht bis in die untersten Gliederungen. Im Parteistatut der PKK heißt es: "Der demokratische Zentralismus beinhaltet, a) daß das Individuum der Organisation und die unteren Organisationen an die oberen Organisationen angeschlossen sind, b) daß sich die Minderheiten den Beschlüssen der Mehrheit beugt, c) daß alle unteren Organisationen an die Zentrale angeschlossen sind ..."

Die oberste Führungsebene in Europa ist das "europäische Zentralkomitee" und das daraus ernannte "Exekutivkomitee" als ausführendes Organ. Wieviele Parteifunktionäre dem europäischen ZK und dem Exekutivkomitee angehören, ist streng geheim: die Behörden gehen davon aus, daß im Düsseldorfer PKK-Prozeß (der die Strukturen der PKK in der 2. Hälfte der 80er Jahre weitgehend offenlegte) mit den 19 Angeklagten "praktisch die gesamte Europaführung" auf der Anklagebank saß (wobei allerdings nur drei der Angeklagten dem europäischen ZK und EK und vier weitere einer nicht näher qualifizierten "Führungsebene " zugeordnet wurden). Vermutlich gehören - wie sich aus Andeutungen von PKK-Mitgliedern schließen läßt - heute nur mehr etwa 20 von Öcalan "handverlesene" Leute der Europaführung an. Einige der Europäischen ZK-Mitglieder sitzen gleichzeitig im ZK in Damaskus. Europasprecher der ERNK ist der jetzt in Rom lebende Ali Sapan (ZK-

Mitglied), der ebenfalls zu den Beschuldigten (und Freigelasse-
nen) des Düsseldorfer Prozesses gehörte.

Eine herausragende Rolle spielt neben Ali Sapan der
'Europavertreter' der ERNK, Yilmaz Kani, ZK-Mitglied und
rechte Hand von Abdullah Öcalan.

Die Mitgliedschaft von Ali Sapan und Yilmaz Kani im ZK
der Partei verdeutlicht, daß die Trennung der PKK und der
ERNK rein taktischer Natur ist. Zudem bestehen engste
Querverbindungen zur "Befreiungsarmee Kurdistans" ARGK
dem militärischen Arm der PKK. Die ARGK ist offiziell in
Europa nicht tätig und kämpft ausschließlich in Kurdistan: De
facto sind hochrangige ARGK-Mitglieder in Europa politisch
aktiv, sowohl im Exekutivkomitee als auch als Sekretäre der
Regionen.

Als Europazentrale identifizierten die Ermittlungsbehörden
(bis zum Verbot am 22. November 1993) das Büro des
"Kurdistan-Komitees" am Hansaring in Köln. Das "Kurdistan-
Komitee" fungiert gewissermaßen also "Presse- und Informationsbüro" der PKK und heißt heute - nach dem Verbot -
"Kurdistan-Informationsbüro". Wenngleich über dieses Büro
viele Kontakte liefen (u.a. sind die "Kurdistan-Komitees" in
Köln und in elf anderen europäischen Städten die Kontaktadresse
des Zentralkomitees der PKK), war es nach diversen "Erstür-
mungen " durch GSG-9-Beamte und Hausdurchsuchungen schon
seit Ende der 80er Jahre bestimmt keine feste Zentrale mehr.
Heute befindet sich die "Zentrale" - soweit sie nicht ohnehin
mobil arbeitet - in Brüssel und in der holländisch-deutschen
Grenzstadt Arnheim. Von hier werden Anweisungen über ein
Kölner Büro an die Regionalbüros weitergegeben. Als
Verbindungsglied zwischen dem ZK und der Europaführung
tritt mittlerweile auch das ERNK-Büro in Athen in Erscheinung.

Da sich die PKK inzwischen natürlich auch des drahtlosen
D-2 Telephonnetzes bedient, ist ihre Kommunikation weitge-

Köln, Hansaring 66, 2. Stock: Laut BKA die "Europazentrale der PKK"

hend abhörsicher. Und weil Unterlagen und Materialien der PKK zwischen Privatwohnungen hin- und hertransportiert werden, sind sie praktisch dem Zugriff der Polizei entzogen.

Die Arbeitsweise der Europaführung ist vor allem im Düsseldorfer PKK-Prozeß deutlich geworden (wobei sich die Informationen teilweise auf Aussagen ehemaliger hoher PKK-Funktionäre stützten, die sich nicht immer als glaubhaft erwiesen). In einer Anweisung des PKK-Zentralkomitees vom 28. November 1986 ("Gesamtplan und Anweisungen für die Europatätigkeit") wird die Europaführung dem Prinzip der Kollektivität verpflichtet: "Die Kameraden sind gemeinsam für alle Aktivitäten der gesamten Partei, Organisierung und Ausführung der Frontaktivitäten verantwortlich. Für alle Entwicklungen werden sie einzeln und zusammen zur Verantwortung gezogen. Keiner kann von der kollektiven Verantwortung befreit werden, indem er sagt: 'ich wußte nicht, was der andere getan hat'." Die Mitglieder des europäischen Zentralkomitees sind vor allem für die Regionen verantwortlich (siehe unten), übernehmen zudem spezielle Arbeitsbereiche wie z.B. 'Presse', 'Kultur', 'Ausbildung der Kader', 'Frauen', Jugend', usw. (Der umstrittene Arbeitsbereich 'Parteisicherheit, Kontrolle und Nachrichtendienste' wird im Kapitel "Terroristische Vereinigung?" ausführlich behandelt). Für diese Arbeitsbereiche werden bisweilen 'Unterkomitees' gebildet. Für den Bereich 'Kultur' war bis zum Verbot vom November 1993 die Organisation "Hunerkom" zuständig, um den Bereich "Presse" kümmerte sich das "Kurdistan-Komitee". Mitunter war und ist die genaue Struktur und Aufgabenteilung nicht erkennbar. Im Düsseldorfer Prozeß lieferten sich Ankläger und Verteidiger stundenlange, erbitterte Wortgefechte über offensichtliche Begriffsverwirrungen: In dem sichergestellten Beweismaterial war mal von "Komitees", dann wieder von "Arbeitsbereichen", "Versammlungen" etc. die Rede. Auf die naheliegenste Erklärung mochten sich die juristischen Kontrahenten nicht verständigen: die Kurden haben -

aufgrund der jahrzehntelangen Unterdrückung ihrer Sprache und der Vielfalt der kurdischen Dialekte - schon untereinander Verständigungsschwierigkeiten, erst Recht in der Umsetzung ihrer Sprache in ein einheitliches türkisches Begriffsinstrumentarium (zumal sie vermutlich dringlichere als linguistische Sorgen haben), was wiederum eine korrekte Übersetzung ins Deutsche erschwert.

Die regionale Gliederung

Unterhalb der europäischen Führung gliedert sich die PKK in Regionen auf. Länderbezogen sind dies die Regionen Belgien, England, Elsaß-Lothringen, Frankreich, Griechenland, die Niederlande, Skandinavien und die Schweiz. Daneben steht die Bundesrepublik mit früher zehn Regionen (die Dominanz der Bundesrepublik erklärt sich aus dem Bevölkerungsanteil: von den etwa 650.000 türkischen Kurden in Westeuropa leben etwa 500.000 in der Bundesrepublik). Vermutlich hat sich die PKK in Deutschland mittlerweile umstrukturiert in fünf Regionen (Nord, West, Mitte, Südwest, Südost), die noch einmal in Bezirke unterteilt sind (Beispiel: Region "Südwest" in Nord- und Südbayern sowie Stuttgart). Unterhalb der regionalen Ebene bestehen wiederum - je nach dem Bevölkerungsanteil der Kurden - ca. 30 Parteiorganisationen auf Gebiets- und Ortsebene. Allerdings versucht die PKK seit dem Prozeß in Düsseldorf, ihre Strukturen insgesamt zu verändern und zu konzentrieren (wie bei der regionalen Aufteilung bereits ersichtlich ist).

Auf all diesen Ebenen bilden sich, je nach Arbeitsbereichen, wieder Unterkomitees. Für die Regionen und größere Parteigebiete sind die Mitglieder des Europäischen Zentralkomitees verantwortlich. Sie führen regelmäßig Inspektionen durch, stehen teilweise selbst an der Spitze der Parteigliederung oder arbeiten eng mit dem von der Partei bestimmten Gebietssekretär

Organisation der PKK

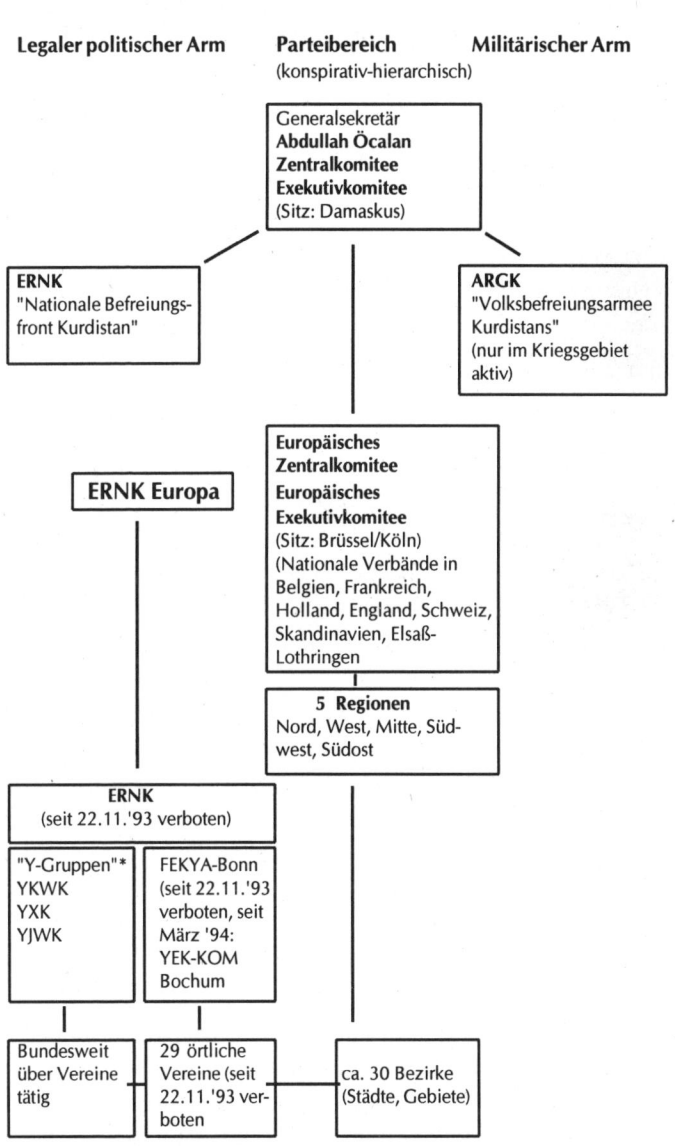

Internationale Ebene

Legaler politischer Arm   **Parteibereich**   **Militärischer Arm**
(konspirativ-hierarchisch)

Generalsekretär
Abdullah Öcalan
Zentralkomitee
Exekutivkomitee
(Sitz: Damaskus)

ERNK
"Nationale Befreiungs-
front Kurdistan"

ARGK
"Volksbefreiungsarmee
Kurdistans"
(nur im Kriegsgebiet
aktiv)

Europäische Ebene

ERNK Europa

**Europäisches
Zentralkomitee**
**Europäisches
Exekutivkomitee**
(Sitz: Brüssel/Köln)
(Nationale Verbände in
Belgien, Frankreich,
Holland, England, Schweiz,
Skandinavien, Elsaß-
Lothringen

5 Regionen
Nord, West, Mitte, Süd-
west, Südost

Nationale Ebene (Deutschland)

ERNK
(seit 22.11.'93 verboten)

"Y-Gruppen"*
YKWK
YXK
YJWK

FEKYA-Bonn
(seit 22.11.'93
verboten, seit
März '94:
YEK-KOM
Bochum

Bundesweit
über Vereine
tätig

29 örtliche
Vereine (seit
22.11.'93 ver-
boten

ca. 30 Bezirke
(Städte, Gebiete)

* YKWK - Arbeiterverband
  YXK   - Studentenverband
  YJWK - Frauenverband

91

zusammen. Sie organisieren Parteiaktivitäten, Aktionen und Schulungen. Daneben sind sie hauptsächlich zuständig für die drei Hauptaufgaben der PKK in Europa und der Bundesrepublik: Die Geldbeschaffung, die Rekrutierung neuer Guerillakämpfer und die Propaganda innerhalb der kurdischen Bevölkerung.

Die Funktionäre der PKK

Der hierarchische Aufbau, die strikte Befehlskette vom Zentralkomitee unter Öcalan bis zur Ortsgruppe und das absolut konspirative Verhalten der Funktionäre (Kader) sind kennzeichnend für die PKK. Für bundesdeutsche Sicherheitsexperten ist das konspirative Verhalten der Führungskader der geradezu phänomenal. Die Mitglieder des Europa-Komitees, die Leiter der Regionen und der großen Gebiete wurden in den PKK-Akademieen im Bekaa-Tal und in Barlias (Libanon) geschult (1992 zog sich die PKK aus diesen Camps zurück in Ausbildungslager in türkischen Gebieten und im Nordirak). Häufig sind es Kommandanten oder andere Führungsleute der Guerilla sowie Mitglieder, die in türkischen Gefängnissen saßen. Der im vergangenem Jahr für die Schweiz zuständige Sekretär war beispielsweise Guerilla-Kommandant und ZK-Mitglied Numan Ucar ("Mahir"). Die Kadermitglieder reisen meist mit gefälschten Personaldokumenten und Touristenvisa ein und tauchen sofort unter. Sie haben keinen festen Wohnsitz. Unterschlupf finden sie - wie ein PKK-Funktionär nicht ganz zu Unrecht meint - in "tausenden von Wohnungen" (gemeint von Kurden). Spitzenfunktionäre werden etwa jedes halbe Jahr ausgewechselt, etwas niederrangige Funktionäre wechseln alle zwei bis drei Jahre Ort und Tätigkeitsbereich. Sie haben eigene Fahrer und Kuriere, sind für andere Kurden nur unter ihrem Decknamen zu identifizieren, und sind - wie ein Experte des

Bayerischen Landeskriminalamtes feststellt, "ab einem bestimmten Level unsichtbar."

Nicht unsichtbar, aber schwer greifbar ist auch die Partei als solche. Es gibt keinen Mitgliederkörper. Nur der Gebietssekretär ist für die Sympathisanten als PKK-Funktionär klar erkennbar. Ansonsten verhalten sich die Kader streng konspirativ.

Die PKK unterteilt ihre Anhänger in drei Gruppen: Kader (Vollmitglieder), Kader-Anwärter, und Sympathisanten. Für die Kader gibt es keinen Austritt aus der Partei (in der bereits zitierten Anweisung des PKK-Zentralkomitees vom November 1986 heißt es: "Innerhalb der Partei eine Rebellion anzuzetteln, sich als Problemfall darzustellen und zu der Partei auf Distanz zu gehen ist nicht möglich. Dieser Abschnitt ist endgültig vorbei"). Die Kader benutzen in der Regel Decknamen, verhalten sich bei ihren Aktivitäten konspirativ und verstehen sich als "professionelle Revolutionäre". Sie schulden der Partei unbedingten Gehorsam, wobei das "Parteistatut der PKK" feststellt: "Niemand ist durch Zwang in die Partei hineingepreßt worden, und es hat auch niemand von ihm verlangt, daß er sich den Regeln unterwerfen solle. Wenn jedoch ein Mensch sich der Partei angeschlossen hat, so hat er auch die Regeln der Partei anerkannt." Kadermitglieder werden regelmäßig überprüft, müssen regelmäßig Berichte über ihre Tätigkeit an die Parteizentrale verfassen. Bei Fehlern verlangt die Partei von den Mitgliedern "öffentliche Selbstkritik". Welche Sanktionen Parteimitgliedern bei Fehlverhalten drohen, ist für den Bereich Bundesrepublik schwer nachzuvollziehen. In den 80er Jahren wurden einige ehemals hochrangige Funktionäre hingerichtet (siehe Kapitel "Terroristische Vereinigung?") Die Bundesanwaltschaft hat im Rahmen des Düsseldorfer Prozesses nachzuweisen versucht, daß - wie in den kurdischen Gebieten - auch hier regelrechte "Volksgerichte" der PKK abgehalten werden (dieser Versuch ist allerdings kläglich gescheitert).

Es kann Jahre intensiver Mitarbeit dauern, bis jemand in den Kader berufen wird. Die Kader werden intensiv geschult und dann von der Parteiführung in Funktionen eingesetzt. Selbst vollzeitlich arbeitende Funktionäre von PKK-nahen Teilorganisationen müssen noch lange nicht - entgegen der Annahme mancher Ermittlungsbeamter - Vollmitglied der PKK sein.

Die Anhänger und Mitglieder der PKK

Mit der Unterteilung ihrer Anhängerschaft in drei Gruppen macht die PKK den deutschen Sicherheitsbehörden das Leben schwer: Denn allein schon die Frage nach der Mitgliederstärke der PKK ist schwer zu beantworten. Wegen der Kaderstruktur der PKK stoßen Verfassungschützer hier an ihre Grenzen. Auf der einen Seite skandieren tausende von Kurden bei Demonstrationen "Das Volk ist die PKK - die PKK ist das Volk". Auf der anderen Seite gibt bei Polizeiverhören oder bei Gerichtsverfahren niemand zu, einem Kader anzugehören. Da würden Ermittlungsbeamte darauf wetten, daß bestimmte seit Jahren vollzeitlich aktive Mitarbeiter des "Kurdistan Komitees" Vollmitglieder der PKK sind - aber die Partei ist viel zu geschickt, an so exponierter Stelle ein Kadermitglied zu plazieren. In den alljährlichen Verfassungschutzberichten haben die zuständigen Beamten längst resigniert - sie vermuten ca. "4.800 Mitglieder der PKK und ihrer Teil- und Nebenorganisationen". Seit dem Verbot vom 22. November 1993 sprechen die Sicherheitsbehörden von "6.000 Mitgliedern und Anhängern" der PKK, die die Arbeit der Organisation konspirativ fortsetzen.

Um die Zusammenwürfelung von PKK und Teilorganisationen herum orten die Verfassungschützer noch ca. 45-50.000 Sympathisanten - Faustregel: "10 Prozent der kurdischen Bevölkerung in der BRD".

Vermutlich verfügt die PKK in der Bundesrepublik über einige hundert Kadermitglieder - mehr braucht sie auch gar nicht. Denn wichtige und entscheidende Arbeiten und Aktivitäten werden von Kader-Anwärtern und Sympathisanten übernommen: Das Reservoir ist mehr nahezu unerschöftlich.

Der Sympathisantenkreis dürfte weitaus größer als 45.000 sein, auch wenn die von der PKK angegebene Zahl von 200.000 Kurden in Deutschland nicht zu belegen ist. Immerhin kamen zu Großveranstaltungen der PKK bzw. ERNK zehntausende von Besuchern. Nach Angaben der Veranstalter besuchten zum Beispiel rund 100.000 Kurden das Internationale Kurdistan Festival am 4. September 1993 in Frankfurt und 120.000 am 29. Mai 1993 eine Großdemonstration in Bonn (die Polizei sprach von 40.000 - 50.000 Teilnehmern, die tatsächliche Zahl dürfte ungefähr in der Mitte liegen). Allerdings ist auch den Experten des Verfassungsschutzes klar, daß mit den Ereignissen in der Heimat und der zunehmenden Eskalation der Kämpfe (insbesondere des Vorgehens des türkischen Militärs gegen die Zivilbevölkerung) die Sympathisantenzahl ständig steigt.

Auch bei den "Gewaltwellen" der letzten Jahre kann sich die PKK auf ein aktionsbereites Umfeld insbesondere unter jungen Kurden verlassen, sodaß für die Partei kein sonderlicher "Personalaufwand" nötig ist. Hier liegt auch ein beachtliches Potential der PKK zur Rekrutierung neuer Guerillas für den Befreiungskampf in Kurdistan. Es existieren mittlerweile regelrechte Wartelisten, wobei der Großteil der Kämpfer weiterhin in den kurdischen Gebieten der Türkei rekrutiert wird.

Die Rolle der ERNK

Ihre Aktivitäten in Europa führt die PKK über die ERNK aus (bis zum Verbot offiziell, faktisch aber auch weiterhin). Die ERNK, die "Nationale Befreiungsfront Kurdistan" ist praktisch

der "Parteiersatz" der PKK in Europa. Sie war in der Bundesrepublik bis zum Verbot vom November 1993 der 'legale Arm'
der PKK, während die PKK gleichzeitig ihre konspirativen
Strukturen aufbaute. Wenn Kurden von der "Partei" sprechen,
von ihrer "Mitgliedschaft in der Partei", dann meinen sie die
ERNK. Anders als die PKK, hat die ERNK bis zum Verbot
sogar Mitgliedsausweise ausgegeben.

Nach Aussage des ERNK-Europavertreters Yilmaz Kani
sieht die ERNK ihre Hauptaufgabe in Europa darin, "alle
Menschen aus Kurdistan zu vereinen, sie für den nationalen
Befreiungskampf zu gewinnen, ihre Möglichkeiten in den Dienst
des nationalen Befreiungskampfes zu stellen und die Verbundenheit ihrer Person zur eigenen Heimat, Geschichte und zum
Befreiungskampf herzustellen und zu pflegen". Diese Aufgabe
- die in Europa lebenden Kurden zu organisieren und für den
Befreiungskampf zu engagieren - sucht die ERNK in unterschiedlichen Formen zu erfüllen:

Innerhalb der ERNK bestehen drei Unterorganisationen, die
sogenannten "Y-Gruppen": die YKWK, die "Union der patriotischen Arbeiter", die YXK der "Jugend- und Studentenverband",
und der YJWK, der "Patriotische Frauenverband". Die Y-
Gruppen stellen sowohl in der Türkei als auch in Europa die mit
Abstand stärkste Organisation der kurdischen Nationalbewegung
dar. In der Bundesrepublik sind sie formal unabhängig und
deshalb vom Verbot nicht betroffen. Von der ERNK aufgenom-
mene oder neugegründete Unterorganisationen sind außerdem
die FEYKA-Kurdistan "Föderation der patriotischen Arbeiter-
und Kulturvereinigungen aus Kurdistan in der BRD" (hinter
diesem begrifflichen Ungetüm verbergen sich die 29 Vereine,
die ebenfalls im November 1993 verboten wurden), und schließlich HUNERKOM, der "Verein der patriotischen Künstler aus
Kurdistan". Neben den genannten Y-Gruppen gründete sich
1988 der "Verein der patriotischen Intellektuellen Kurdistans"
(YRWK). Der Verein mit Sitz in Berlin ist zwar unabhängig,

96

die Herausgabe seiner Publikationen wird von der ERNK aber praktisch unterstützt.

Als Nachfolgeorganisation von FEYKA wurde am 27. März 1994 in Bochum YEK-KOM, die "Föderation kurdischer Vereine in Deutschland" gegründet. Zudem arbeitet ein Großteil der mit FEYKA verbotenen 29 Vereine unter neuem Namen weiter.

Die ERNK ist praktisch die politische Schaltstelle zwischen der PKK und den in Deutschland lebenden Kurden. Die "Y-Gruppen" sind die Plattform, auf der sich interessierte Kurden organisieren, politisch informieren und schulen. Und die bundesweit gestreuten Vereine des Dachverbandes FEYKA (jetzt YEK-KOM) sind das gemeinsame Haus: Gewissermaßen die Begegnungsstätte zwischen der PKK, PKK-Sympathisanten und den Kurden, die Gemeinschaft mit ihrer Volksgruppe suchen.

Die politischen, gesellschaftlichen und kulturellen Aktivitäten dieser Vereine und Gruppen verfolgen das Ziel, die in der Diaspora lebenden Kurden als eigenständiges Volk auszubilden. Dabei geht es nicht einfach um bloße Propaganda für die PKK, ihre Ideologie oder den Guerillakrieg. Neben der Information über die Ereignisse im Befreiungskampf steht die kulturelle Selbstfindung der Kurden, die Bildung einer eigenen Identität, an erster Stelle. Die jahrhundertelange Unterdrückung und die Assimilierungspolitik der Türkei haben Spuren hinterlassen. Daß sich heute türkische Kurden allmählich wieder zu ihrer Identität bekennen ("ich bin Kurde", nicht, wie früher, "ich bin Türke" oder "Türke kurdischer Abstammung") ist sicherlich ein Erfolg der PKK bzw. der Bewußtseinsbildung durch die ERNK-Organisationen.

Gestärkt und beeinflußt wird das Bewußtsein auch durch die Publikationen der PKK und ERNK. Das "Kurdistan-Komitee" (jetzt: "Kurdistan-Informationsbüro") in Köln fungiert nicht nur als "Presse- und Informationsamt", sondern ist Herausgeber zahlreicher Bücher und Broschüren (die meist im Agri-Verlag in Köln erscheinen). Die ebenfalls im November 1993 verbotene "Berxwedan Verlags GmbH" in Düsseldorf gibt (jetzt als "Serxwebun"-Verlag) die 14-tägig erscheinende Zeitung "Berxwedan" (zu Deutsch "Widerstand") heraus, das Zentralorgan der ERNK. Außerdem erscheint monatlich die Zeitung "Serxwebun" (zu Deutsch "Unabhängigkeit"), das Zentralorgan der PKK. Während "Serxwebun" und "Berxwedan" in türkischer Sprache erscheinen, publiziert der "Agri-Verlag" in Köln in deutscher und englischer Sprache die zweimonatlich erscheinende Informationszeitschrift "Kurdistan Report". Zum Pressebereich der PKK gehört auch die dem "Berxwedan-Verlag" angegliederte Nachrichtenagentur KURD-HA, die sich nach dem Verbot kurzerhand in KURD-A umbenannt hat. Die Publikationen sind das Sprachrohr der PKK und ihres Führers Abdullah Öcalan. Hauptthema neben der PKK-Propaganda ist der "Krieg in Kurdistan", die "Menschenrechtsverletzungen des türkischen Militärs", aber auch die kulturelle Entwicklung des kurdischen Volkes. Der "Kurdistan-Report" gliedert sich z.B. in die Sparten "Kurdistan aktuell", "Menschenrechte", "Internationales", "Kultur" und "Frauen".

Das enge Zusammenwirken zwischen legalen ERNK-Gruppen und der PKK wurde am Beispiel der Internationalen Frauenkonferenz vom 4. bis 8. März 1994 in Köln deutlich. Veranstalter waren die Patriotischen Frauen Kurdistans, die YJWK. Teilnehmerinnen waren 130 kurdische Delegierte aus Frankreich, England, Belgien, Schweden, Holland, der Schweiz und der Bundesrepublik. Sie diskutierten über spezifische Probleme im Ausland und in Kurdistan, über die traditionelle Frauenrolle in der kurdischen Gesellschaft und über Möglichkeiten, dieses Patriarchat zu überwinden. Diskutiert wurden auch die Ergebnisse des 1. Nationalen Frauenkongresses vom 8. Mai - 17. Juni 1993, an dem 700 Guerilla-Frauen teilgenommen hatten. Auf dieser Konferenz war unter anderem die

Bildung einer eigenständigen Frauenarmee auf Guerille-Ebene beschlossen worden.

Als Gastreferentinnen traten Journalistinnen und sogar Parlamentarierinnen auf (u.a. Vertreterinnen von Bündnis 90/Die Grünen).

Gespräch mit "Fetiye"*, Aktivistin des "Patriotischen Frauenverbandes" YJWK in Frankfurt

G. Stein:
Wie lebt man als politische Aktivistin?

F.:
Das Leben ändert sich total, von Grund auf. Man lebt nur noch für die Partei. Man ist pausenlos für die Partei aktiv. Ein Privatleben gibt es nicht mehr. Das erwartet die Befreiungsbewegung. Denn wenn z.B. Leute mit ihren privaten Problemen politisch aktiv sein wollen, bleiben sie stecken und können nicht mehr weiter. Es ist dann günstiger für diese Person, unter privaten Problemen einen Strich zu ziehen. Das Privatleben ist dann nicht mehr da, zum Beispiel bei mir: Ich bin fast jeden Tag im Verein, und wenn ich etwas vor habe, dann mach' ich das mit den Leuten von diesem Verein. Wenn ich arbeite, sage ich, morgen bin ich nicht da, dann wissen die das. So kann man besser zusammenarbeiten.

G. Stein:
Wie lange braucht man, bis man sich zur aktiven Mitarbeit entschließt?

F.:
Also ich denke, das ist bei jedem verschieden. Die Leute die hier in Deutschland aufgewachsen sind, die sind eher zurück-

*Der Name wurde vom Verfasser geändert.

haltend, und möchten ihr Privatleben nicht aufgeben, weil sie ihren Wohlstand haben. Doch dann kommt irgendwann mal die Zeit, wo sie das, was hier als Wohlstand angesehen wird - Wohnung, Beruf, Auto, Markenklamotten -, mal satt haben. Denn sie sehen den Konflikt in Kurdistan, den Massenmord, und sie hören jeden Tag, daß in Kurdistan Menschen sterben, dann überlegen sie sich: Ich bin hier in Deutschland, ich lebe in einer Demokratie, warum sieht diese Demokratie diesen Krieg in Kurdistan nicht? Dann zweifeln sie an dieser Demokratie, und dann versuchen sie, noch mehr zu erfahren. Auch wenn die Eltern versuchen, ihre Kinder daran zu hindern, daß diese in den Befreiungskampf gehen. Weil eben dieser angebliche Wohlstand für sie kein Wohlstand mehr ist, steigen sie dann ohne Rücksicht auf ihr Privatleben in die Politik ein.

G. Stein:
Ist das eigentlich zwangsläufig wenn man sagt, daß man sich jetzt politisch engagiert, daß man sein Privatleben aufgibt, und dann in den Befreiungskampf geht?

F:
Also es ist so: Es gibt sehr viele Leute, die noch Kontakt zu ihren Eltern haben. Ich kenne auch ein Mädchen von Kindheit an, die da auch dabei ist, die sich auch entschloßen hat, in die Befreiungsbewegung einzutreten. Von ihr hätte ich das dennoch nicht erwartet, denn sie hatte ihren Wohlstand, sie hatte ihr eigenes Zimmer, ihr eigenes Auto, sie hatte viel Geld, sie war in der Hinsicht total frei. Sie ist hier aufgewachsen, war aber trotzdem sehr schockiert über die Massaker in Kurdistan und hat sich dann entschlossen, in die Befreiungsbewegung einzutreten. Sie hat versucht, ihre Eltern davon zu überzeugen, aber das ist eher die Ausnahme: Die meisten sehen in ihrem Privatleben nur ein System, in dem sie ersticken. Viele möchten auch gar keinen Kontakt mehr zu ihrer Familie, weil sie der

Meinung sind, daß dieses System der Familie sie nur ersticken wird, in dem sie nicht leben wollen. Den Druck von den Eltern, Freunden, und Bekannten können sie nicht mehr ertragen, und sie möchten nicht mehr so leben, sie möchten auch nicht, daß ihre Kinder so leben. Es ist aber nicht leicht, denn du mußt dein ganzes altes Leben aufgeben, und ein neues Leben aufbauen.

G. Stein:
Welche Rolle spielt die Ideologie dabei?

F.:
Die Ideologie spielt natürlch auch eine sehr große Rolle, weil, bevor man sich für etwas entschließt, muß man davor noch etwas lesen und erfahren. Wenn man einen Beruf haben will, möchte man ja auch zuerst erfahren, was man in diesem Beruf machen muß, und wie dieser Beruf aussieht. Das ist da genauso.

G. Stein:
Das heißt, man ließt zuerst die Bücher von Öcalan?

F.:
Das muß nicht sein bei dem ersten Schritt. Die meisten werden davon beeinflußt, daß das Massaker in Kurdistan ein Ende nehmen soll. Und daß man sich als Kurde bekennt und versteht. Ich kann das auch von mir sagen. Weil ich eine Kurdin bin, war ich früher als kleines Mädchen total stolz, daß ich eine türkische Freundin hatte. Das sich eine Türkin mit mir abgibt. Nachdem ich dann 13 Jahre alt war, und etwas von dem Befreiungskampf gehört hatte, erst dann schämte ich mich nicht mehr, eine Kurdin zu sein. Diesen Abschnitt haben sehr viele kurdische Jugendliche erlebt. Irgendwann sagt man, Stop! ich möchte nicht immer Mensch der zweiten Klasse sein.

G. Stein:
Bei ihnen spielte die Ideologie keine so große Rolle?

F.:
Nein, das glaube ich nicht. Natürlich spielt die Ideologie ein
Rolle, weil man durch sie den Befreiungskampf in Kurdistan
kennenlernt. Die Leute, mit denen man zuerst politisch Kontakt
hatte, die haben ja von dieser Partei-Ideologie erzählt. Es reicht
schon, wenn man das Verhalten dieser Leute sieht, die Art und
Weise dieser Leute, wie sie reden...
    Wenn man einen Menschen aus der Partei und einen anderen
Mensch von draußen miteinander diskutieren läßt, weiß man
sofort, wer von der Partei ideologisch geschult ist. Meiner
Meinung nach drückt die Parteideologie Menschlichkeit aus.

G. Stein:
Wenn die Partei menschlich ist - wie stehen Sie dann zu
gewaltsamen Aktionen von PKK-Anhängern? Im vergangenem
Jahr ist in Wiesbaden dabei sogar ein Türke nach einem
Brandanschlag auf ein türkisches Vereinslokal getötet worden.

F.:
Ich war bei dieser Aktion nicht dabei. Als ich davon gehört
habe, habe ich das im ersten Moment verurteilt. Aber auf der
anderen Seite waren eine Woche zuvor in Kurdistan [in Lice,
d. Verf.] hunderte von Menschen getötet worden. Als ich den
Vergleich gemacht habe, ein Mensch gegen 500 Menschen -
das hier ist in der Zivilisation passiert, und bei den Ereignissen
in Kurdistan hat die ganze Welt die Augen zugemacht - habe ich
das nicht mehr bedauert. Ich bin auch Humanistin, ich will auch
keine Toten. Aber warum trägt die ganze Welt bei den Ereignissen in Kurdistan Scheuklappen? Nach der Aktion in Lice
durften noch nicht einmal Parlamentarier in das Dorf, man hat
einfach behauptet, das sei die PKK gewesen. Warum hat man

102

keine Journalisten hineingelassen, um zu sehen, wer die Menschen getötet hat? Deutschland wußte ganz genau, was da drüben abgelaufen ist - und deswegen kann ich nicht akzeptieren, daß sie sich bei den kurdischen Aktionen in der Bundesrepublik eine Woche später so aufregen.

Die Aktivitäten der PKK in Deutschland

Die Vereine: kurdische Kulturstätten und Aktionsfeld der PKK

Mannheim, Bonadiesstrasse 2. In der Nachbarschaft ein chemischer Großbetrieb, eine Alteisenfirma. Autowerkstätten - der übliche Charme eines Industriegebietes. Die 'Neckarstadt' gehört nicht gerade zu den Renoméevierteln Mannheims. Dafür sind die Mieten erschwinglich und das nächste öffentliche Verkehrsmittel einen Kilometer weit entfernt.

In Gebieten wie diesem finden die kurdischen Kulturvereine noch gnädige Vermieter. Normalerweise haben es die Kurden nach den Ereignissen (und der anti-kurdischen Berichterstattung) der letzten Monate schwer, als Mieter akzeptiert zu werden. Im Erdgeschoß und in der 1. Etage in der Bonadiesstr. 2 sitzt der "Kurdisch-deutsche Freundschaftsverein" - so heißt das "Kurdistan-Kulturzentrum Mannheim e.V." nach dem Vebot vom 26. November 1993. Das Kulturzentrum ist einer von 29 Mitgliedervereinen des FEYKA-Dachverbandes, die der Bundesinnenminister als eine Tarnorganisation der PKK bezeichnet.

Die Räumlichkeiten sind relativ großzügig - an Küche, Toiletten und einigen Nebenräumen schließt sich ein gaststättengroßer Gemeinschaftsraum an. An den Wänden hängen Portraits von "Apo" Abdullah Öcalan und von gefallenen oder im Gefängnis getöteten "Märtyrern". Dazwischen hängt eine rote Flagge mit dem gelben Kreis und dem darauf gesetzten roten Stern, dem Symbol der PKK, dazwischen Zettel mit Parolen "auch ich bin für die PKK". Aus der Sympathie für die

Offene Sympathie für die PKK: Kulturverein in Basel

PKK, für die ERNK und ARGK und wie die Unterorganisationen sonst noch heißen, wird hier kein Hehl gemacht: "Das Volk ist die PKK - die PKK ist das Volk" ist zumindest unter den Kurden, die sich in den Kulturvereinen treffen, gängiger Slogan geworden. Auf einer Pinwand finden sich jede Menge Veranstaltungshinweise - auf Konferenzen des Frauenverbandes, der Folkloregruppe, des Musikzirkels, usw.

Die ersten "Gäste" kommen um die Mittagszeit. Man liest "Özgür Gündem", die pro-kurdische Zeitung, die nur in Europa floriert und in der Türkei meist verboten ist, weshalb sie sich seit Neuestem in "Özgür Ülke" umbenannt ist, um für einige Wochen der strengen Zensur zu entfliehen. Am Nachmittag füllt sich der Raum. Im Fernsehen laufen Nachrichen aus der Türkei - der Kanal TRT ist über Satellitenschüssel zu empfangen. Dann legt jemand eine Videokassette ein, die vom AGRI-Verlag vertrieben wird. Erste Einstellung: ein Transparent mit dem PKK-Symbol, dann rückt APO ins Bild. Er spricht zu einem nicht sichtbaren Auditorium - über die Unterdrückung der Kurden - und die Notwendigkeit des Befreiungskampfes. Dann folgen Bilder aus den Bergen, aus den zerklüfteten und kaum zugänglichen Gebirgszügen entlang der türkisch-irakschen Grenze - Bilder, wie sie sich Karl May einst in seiner blühenden Phantasie aus einer Gefängiszelle heraus ausgemalt hat: Die Kamera fokussiert auf ein Bergcamp der PKK. Es folgen Alltagsszenen aus dem Guerillaleben - Kampfausbildung am Gewehr und im Kampf gegen die Tücken der Natur: ellenlange Einstellungen, wie blutjunge Guerillas Höhlen in Felswände hämmern, Gebirgsbäche umleiten und am Lagerfeuer Teig zu Fladenbrot auswalzen. Hinter den romantisierenden Bildern steckt ein wohlüberlegtes Kalkül: mit ihrer Hilfe sollen Kurden in Deutschland animiert werden, den Befreiungskampf zu akzeptieren und eventuell selbst daran teilzunehmen. Die Video-Idylle und die in "Gündem" geschilderte Realität in Kurdistan gehen nur schwer zusammen: Hier Bilanzen von Getöteten und Gefolterten. Dort euphorische Jugendliche, die mit der Waffe in der Hand von der Freiheit der Kurden träumen.

Die kurdischen Kulturvereine in der Bundesrepublik sind eine eigene Welt: Nach Auffassung der Sicherheitsbehörden nistet hier die PKK - hier breitet sie sich ungestört aus, hier kreuzen sich der illegale Parteiapparat und die legalen Gruppen. Das ist sicher richtig - aber es ist nur die halbe Wahrheit. Zur ganzen Wahrheit gehört, daß die Vereine der einzige Ort sind, in dem Kurden ihre kulturelle Identität finden, in denen sie ihr Eigenleben als unabhängiges Volk führen können.

Die Verbotsverfügung des Bundesinnenministeriums listete 29 Vereine auf - vom "Kurdischen Arbeiter- und Kulturbund", Aachen über das "Kurdische Frauenzentrum" Leverkusen bis zum "Kurdistan Solidaritäts Centrum", Ulm. Die Tätigkeiten dieser Organisationen - so der Innenminister "richtet sich gegen den Gedanken der Völkerverständigung, gefährdet die innere Sicherheit, die öffentliche Ordnung und sonstige erhebliche Belange der Bundesrepublik Deutschland". Damit wurde der kurdischen Volksgruppe in Deutschland über Nacht die Tür zu ihrer wichtigsten Begegnungsstätte verschlossen (KOMMKAR, der zweite kurdische Kulturverband in der Bundesrepublik, wird von wesentlich weniger Kurden frequentiert). Normalerweise werden Kurden auch in der Bundesrepublik - wie in der Türkei - gesellschaftlich nur als Türken wahrgenommen. Obwohl Kurden die viertgrößte nichtdeutsche Volksgruppe sind, sind sie nicht als eigenständige Volksgruppe anerkannt. So gibt es

- keinen muttersprachlichen Schulunterricht für kurdische Kinder
- keine Bundes- und Ländermittel für kurdische Selbsthilfeorganisationen

- keine Anerkennung kurdischer Namen auf bundesdeutschen Standesämtern
- kein Ankauf kurdischsprachiger Literatur oder Kassetten in kommunalen Bibliotheken.

Für das kulturelle Leben der Kurden spielen die Vereine deshalb eine besonders wichtige Rolle. Sie organisieren Folkloregruppen, Theater, kurdische Literaturlesungen, stellen kurdische Bibliotheken zusammen, unterrichten die traditionellen kurdischen Musikinstrumente. Viele Kurden lernen hier überhaupt erst ihre Muttersprache, die in der Türkei verboten war - zu sprechen: In Deutschland aufgewachsene Kurden, die nur türkisch als muttersprachlichen Unterricht erhalten, können sich oft nicht mit ihren Großeltern und Verwandten in der Heimat verständigen.

Die Vereine organisieren die vielfältigsten Aktivitäten. In Frankfurt z.B. wird für Frauen Karatetraining angeboten. Es gibt eigene Fußballmannschaften, Schul- und Berufsberatungen. In vielen Vereinen arbeiten Deutsche mit, veranstalten gemeinsame Kulturfeste mit deutschen und anderen ausländischen Initiativen.

Formal sind die Vereine den Vorschriften des deutschen Vereinsrechtes entsprechen organisiert - haben also einen gewählten Vorstand, Kassierer, Schriftführer etc. Bemessen an den genannten Aktivitäten, hätte es nie ein Verbot geben dürfen (inzwischen ist das Verbot in den meisten Städten mit Namens-Umbennungen und der Wahl neuer Vorstände ausgehebelt worden).

Gleichzeitig aber ist in den Vereinen auch die PKK mit ihren Organisationen aktiv. Aus ihrer Sympathie mit der PKK machen die Vereine keinen Hehl: die Bilder, die Slogans, die Aufrufe sprechen eine deutliche Sprache. Die PKK ist unter den hier anwesenden Kurden als Befreiungsbewegung voll akzeptiert. Hier startet die ERNK ihre Geldspenden-Kampagnen, hier

108

werden Pro-PKK Demonstrationen vorbereitet, hier halten Guerilla-Kommandanten aus Kurdistan Vorträge.

In den Vereinen werden den Kurden politische Schulungen angeboten. Hier versucht zum Beispiel der "Patriotische Frauenverband" kurdische Frauen zu emanzipieren, die ein jahrhundertealtes Patriarchat gewohnt sind. Und hier versucht die PKK auch, die Kurden im Exil gesellschaftlich zu organisieren.

Der Einfluß der PKK ist immens. Inzwischen gelingt es der Partei, über die Vereine, über Telephonketten und Mund-zu-Mund Propaganda innerhalb von ein, zwei Tagen bundesweit tausende von Kurden zusammenzutrommeln. Aus Aussagen beteiligter Kurden wird deutlich, daß viele oft das Ziel einer Demonstration, den Ort und die Umstände vorher überhaupt nicht wissen. Dabei tritt die PKK offiziell gar nicht in Erscheinung. Im Verein gibt sich meist nur der örtliche Vertreter - in den Großstädten auch der für die Region zuständige - als der für die Partei zuständige Funktionär zu erkennen: die anderen verbergen ihre Mitgliedschaft. Der Partei kommt dabei zugute, daß viele Nichtmitglieder aktiv zur Mitarbeit bereit sind.

Trotz der äußerlich geringen persönlichen Präsenz der Partei werden ihre Anweisungen weitgehend befolgt. So ist innerhalb der kurdischen Gesellschaft die "Blutrache" nach wie vor weit verbreitet - auch in der Bundesrepublik: Sehr oft wurden in zurückliegenden Jahren Familienfehden mit Pistolen und Messern ausgetragen. Die PKK hat die "Blutrache" unter den hier lebenden Kurden deshalb strikt untersagt - und erstaunlicherweise wird dieses Verbot weitgehend eingehalten. Die Schweizer Polizei versuchte jahrelang vergeblich, das unter dort lebenden Kurden beliebte Glückspiel in illegalen Spelunken zu unterbinden. Seitdem die PKK Glückspiel kategorisch verboten hat, sind Kurden nach Auskunft der Polizei nicht mehr aufgefallen. Nicht erlaubt ist außerdem der Genuß von Drogen und Alkohol

- Parteimitglieder und Kaderanwärter dürfen auch nicht rauchen.

Wie diese "Gesetzbarkeit" im Einzelnen funktioniert, ist für Außenstehende nicht nachvollziehbar - aber sie wird befolgt. So installieren die PKK-Gliederungen "Schiedsgerichte", die Nachbarschaftsfehden, Ehestreitigkeiten und sonstige Probleme schlichten. Die Methoden sind teilweise sehr unorthodox: in einem Fall beklagte eine kurdische Frau, ihr Mann würde sie verprügeln und sein Geld in Gaststätten vertrinken. Eine Abordnung der Partei ging mit der Frau und ihren Kindern auf der Stelle in das Lokal und stellte den Mann öffentlich zur Rede. Man kann davon ausgehen, daß die PKK auch zu härteren Sanktionsmaßnahmen greift. In den meisten Fällen ist die Präsenz der Partei vermutlich Drohung genug. Wie weit der Einfluß in die kurdische Volksgruppe reicht, ist schwer zu messen. Sicher erstreckt er sich auf diejenigen, die am Vereinsleben teilnehmen. Vermutlich wird die große Mehrheit der Kurden, die mit der PKK nichts zu tun haben wollen, nicht tangiert.

Die Gewaltwellen der PKK

Samstag, 19. März 1994. Auf der Autobahn A 8 Stuttgart - München, ca. 6 Kilometer vor Augsburg, spielen sich dramatische Szenen ab: Autobusse mit kurdischen Familien bleiben mitten auf der Fahrbahn stehen, einige stellen sich quer zur Fahrbahn. Etwa 500 Kurden blockieren die Fahrbahn, schwenken Fahnen der PKK, skandieren "Hoch die internationale Solidarität". Zunächst bleibt alles friedlich. Als sich um 15.30 Uhr zwei Polizeifahrzeuge durch die Reihen der im Stau stehenden Autos schlängeln, kommt es plötzlich zu brutalen Schlägereien zwischen Bereitschaftspolizisten und kurdischen Demonstranten. Polizeioberrat Walter Böhm, der Einsatzleiter, stellt hinterher fest, so etwas habe er "in 27 Dienstjahren nicht

Versuchte Selbstverbrennungen von Kurden am 22. März 1994 auf der Autobahn bei Köln

Kurdische Demonstration in Frankfurt am 3. Juli 1993

erlebt". Die kurdischen Männer hätten Frauen und Kinder als Schutzschild benutzt, hätten gedroht, sich anzuzünden, und wären mit Knüppeln und Molotowcocktails auf die Polizisten losgegangen.

Auch an anderen Stellen in und um Augsburg kommt es zu gewalttätigen Auseinandersetzungen - rund neun Stunden lang halten etwa 6.000 Kurdinnen und Kurden die Augsburger Polizei in Atem. Am Abend bilanziert die Polizei 48 verletzte Beamte - die Verletzungen reichen von Prellungen bis zu einem Trümmerbruch des Schienbeins. Auch die Kurden sprechen von "Dutzenden von Verletzten"

An diesem Wochenende des 19./20. März und an den darauffolgenden Tagen spricht die Boulevardpresse vom "Kriegsschauplatz Deutschland": In elf anderen Städten kommt es zu Krawallen, Autobahnblokaden, brennenden Barrikaden, Straßenschlachten. Auf der A 45 bei Ehringshausen, auf der A 5 bei Darmstadt und bei Frankfurt übergießen sich Kurden mit Benzin und zünden sich an. Fernsehbilder gehen um die Welt, wie in Frankfurt ein brennender Kurde mit wild rudernden Armen auf einen Pulk Polizisten zurennt. An anderen Orten werden Kurden gerade noch daran gehindert, sich ebenfalls anzuzünden.

Hintergrund der Gewalttaten: das kurdische "Newroz-Fest". Das Newroz-Fest am 21. März jeden Jahres ist ein kurdischer Nationalfeiertag, der als Symbol für Befreiung, Widerstand, Freiheit und Unabhängigkeit gefeiert wird. An diesem Tag werden überall, wo Kurden leben, Newroz-Feuer entzündet und Freudenfeste gefeiert.

In Augsburg und in den anderen Städten gewalttätiger Krawalle waren Newroz-Feste von den Behörden untersagt worden. In Augsburg hatte ein Mitglied des Ausländerbeirates eine Veranstaltung in der Augsburger Dampfbläserhalle angemeldet. Die Stadt verbot die Veranstaltung, weil dem Veranstalter "Nähe zur verbotenen ERNK" unterstellt wurde.

In Zusammenhang mit den Ereignissen des vorletzten März-Wochenendes laufen bundesweit noch hunderte von Ermittlungsverfahren. Die PKK hatte sich erkennbar auf den Eventualfall - Verbot von Newroz-Veranstaltungen - vorbereitet.

Warum gerade Augsburg mit etwa 6.000 Teilnehmern die größte Aktion in der Bundesrepublik war, ist nicht erkennbar: jedenfalls ist Augsburg beispielhaft für die Strategie der PKK (die offiziell bestreitet, an den Planungen beteiligt gewesen zu sein und die Aktionen lediglich "begrüßt"). Klar scheint: die PKK und ihre Organisationen waren nicht bereit, ein Verbot der Newroz-Feste widerstandslos zu akzeptieren. Nach Erkenntnissen der Ermittlungsbehörden reisten zu den Vorbereitungen der Newroz-Aktionen PKK-Funktionäre aus dem Ausland ein, die sich unmittelbar danach wieder ins Ausland absetzten.

Die Teilnahme an der Augsburger Veranstaltung war über die Vereine organisiert worden, Aufrufe ergingen auch in Asylantenheime. Mit Autobussen reisten die Kurden aus Baden-Württemberg, Hessen, München, Nürnberg und Niederbayern an. Eine Reihe von TeilnehmerInnen sagten aus, sie hätten weder vom Verbot der Veranstaltung noch von den Autobahnblockaden gewußt. Die Polizei versuchte, acht der anreisenden Busse per Funk zum Umkehren zu bewegen. Ein Busfahrer sagte später aus, er sei zur Weiterfahrt gezwungen worden. Die Organisatoren verständigten sich während der ganzen Zeit über Funkgeräte und Mobiltelefone. Nahezu zeitgleich blockierten Autobusse an zwei verschiedenen Autobahnstellen die Fahrbahnen.

Die Polizei sprach später von einem "hohen Organisationsniveau". Das Verhalten der Kurden, ihre Sitzblockade auf der Fahrbahn sei jedenfalls von diesen "Rädelsführern" organisiert worden. Zeugen bestätigen, daß die Menge von einigen mit Mobiltelefonen und Funkgeräten ausgerüstete Kurden dirigiert wurden. Ansonsten gehen die Schilderungen auseinander. Die Polizei spricht von einer bewußten "Eskalationsstrategie" der Kurden, bei der kurdische Frauen und Kinder gezielt als Schutzschild eingesetzt wurden: es sei damit gedroht worden, sie im Falle eines Vorrückens der Polizei anzuzünden. Viele der Kurden hätten Angst gehabt. Die kurdischen Veranstalter bestreiten diese Darstellung, sprechen ihrerseits von "unverhältnismäßig brutalen" Polizeieinsatz. Ein Kurde wurde mit einer Reisetasche voll gefüllter Benzin-Flaschen festgenommen, die ihm ein anderer, ihm unbekannter Kurde im Autobus in die Hand gedrückt hätte.

Im Einzelnen müßen die Ereignisse von Augsburg noch geklärt werden. Aber auch bei den anderen Autobahnblockaden und Protestaktionen war die Vorbereitung und zentrale Steuerung deutlich. Nicht zum ersten Mal hat die PKK damit "flächendeckend" auf Kurden betreffende Ereignisse reagiert. Zum ersten Mal allerdings erfolgte diese Reaktion auf Maßnahmen deutscher Behörden. In der Vergangenheit hatte die PKK ausschließlich Ereignisse in der Türkei zum Anlaß genommen, in der Bundesrepublik und in anderen europäischen Ländern zum Teil gewaltsame Aktionen durchzuführen. Seit 1984 registrierten die Sicherheitsbehörden zentral koordinierte "Aktionswellen":

- Im Januar 1984 besetzten kurdische Gruppen die Büros politischer Parteien und Gewerkschaften in ganz Deutschland, um auf Menschenrechtsverletzungen in der Türkei aufmerksam zu machen.
- Im Februar 1986 besetzen Kurden wiederum in mehreren bundesdeutschen Großstädten Parteibüros, gehen auf die Straße und treten in Hungerstreiks.
- Im November 1988 kommt es im Rahmen einer erneuten Aktionswelle erstmals zu Gewaltmaßnahmen gegen türki-

sche Banken, Zeitungen und Konsulate, die allerdings glimpflich abliefen.

Nachdem diese Aktionen in der bundesdeutschen Öffentlichkeit wenig Resonanz fanden, änderte die PKK ihre Strategie. Im August 1991 verübten Anhänger der PKK nach Erschießungen von Zivilisten durch das türkische Militär in Sirnak erstmals Brandanschläge gegen türkische Einrichtungen in der Bundesrepublik.

1992 intensivierte die PKK ihre Aktivitäten. In vier Aktionsphasen zwischen März und Oktober kam es neben friedlichen Kundgebungen zu Brandanschlägen und Sachbeschädigungen. Am 11. März 1992 drangen z.B. 150 teilweise mit Eisenstangen Bewaffnete in das türkische Generalkonsulat in Mainz ein - vier der Täter wurden später zu Freiheitsstrafen zwischen einem und drei Jahren verurteilt. Unbekannte Täter schleuderten am 12. Oktober zeitgleich in Hannover Brandsätze gegen das türkische Generalkonsulat, eine türkische Bank, das Büro einer türkischen Fluggesellschaft und gegen ein türkisches Kulturzentrum.

1993 - am 24. Juni und am 4. November - inszenierte die PKK erstmals bundes- und europaweit Gewaltaktionen gegen türkische Einrichtungen. Am 24. Juni kam es zu Angriffen gegen ca. 80 türkische Einrichtungen, wobei erheblicher Sachschaden (aber kein Personenschaden) entsand.

Herausragendes Ereignis war die Besetzung des türkischen Generalkonsulats in München. Im Konsulat in Marseille wurden für einige Stunden ebenfalls Geiseln genommen. In Bern erschoß ein Botschaftsangehöriger einen der rund 1.000 vor der Botschaft demonstrierenden Kurden und verletzte neun weitere schwer.

Am 4.November gingen bundesweit mehr als 200 Kurden gegen 59 türkische Konsulate, Banken, Reisebüros, Gaststätten und Geschäfte vor und zündeten in einigen Fällen Brandsätze. In einer türkischen Gaststätte in Wiesbaden kam ein türkischer

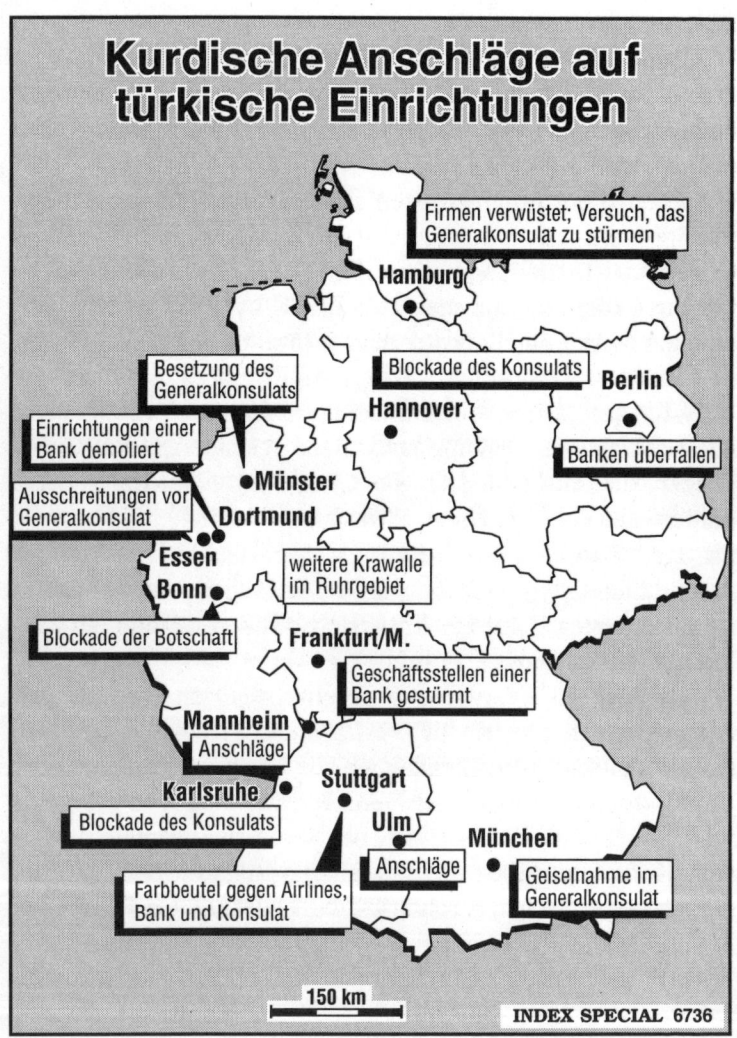

Kurdische Anschläge auf türkische Einrichtungen

Firmen verwüstet; Versuch, das Generalkonsulat zu stürmen

Hamburg

Besetzung des Generalkonsulats

Blockade des Konsulats

Berlin

Einrichtungen einer Bank demoliert

Hannover

Ausschreitungen vor Generalkonsulat

Banken überfallen

Münster

Dortmund

Essen

weitere Krawalle im Ruhrgebiet

Bonn

Blockade der Botschaft

Frankfurt/M.

Geschäftsstellen einer Bank gestürmt

Mannheim

Anschläge

Stuttgart

Karlsruhe

Blockade des Konsulats

Ulm

München

Anschläge

Geiselnahme im Generalkonsulat

Farbbeutel gegen Airlines, Bank und Konsulat

150 km

INDEX SPECIAL 6736

116

Staatsangehöriger dabei ums Leben. Die Ereignisse vom 4. November waren dann auch auschlaggebend für das Verbot der PKK und der anderen Organisationen.

Über die zentrale Steuerung dieser Aktions- und Gewaltwellen durch die PKK gibt es keinen Zweifel. Insider sagen, daß derartige Aktionen von der Parteispitze, also dem Zentralkomitee unter Abdullah Öcalan, geplant und gebilligt werden.

Geheimdienst-Informationen zufolge sind 1991 eine Reihe von im Nord-Irak trainierten ARGK-Kämpfern nach Großbritannien und Deutschland geschickt worden. Nach diesen Informationen (die auf Aussagen von ERNK-Mitgliedern beruhen) arbeiten diese Kämpfer unter dem Schirm der ERNK entweder in den (jetzt verbotenen) "Kurdistan-Komitees" oder in der YKWK, der "Union der patriotischen Arbeiter" mit. Umgekehrt schickt die PKK in Deutschland rekrutierte ERNK-Mitglieder zur Ausbildung in die Camps im Nord-Irak, sodaß mittlerweile ein regelmäßiger Austausch stattfindet. Ein Journalist der "Turkish Daily News" hat nach einem Besuch eines Ausbildungscamps berichtet, eine "Reihe neu ausgebildeter Kommandanten" hätte auf Anweisung des Zentralkomitees über ihren weiteren Einsatz in Europa gewartet.

Auffällig ist dabei das differenzierte Vorgehen in den Aktionsformen. Die friedlich verlaufenden Protestaktionen sollten die deutsche Öffentlichkeit auf die Lage der Kurden in der Türkei aufmerksam machen. Bei den gewalttätigen Aktionen wurden ausschließlich Institutionen des Kriegsgegners Türkei aufs Korn genommen. Man muß davon ausgehen, daß die Gewalt gegen Sachen beschränkt, der Todesfall von Wiesbaden mithin ein nicht kalkulierter Unglücksfall war. In keinem einzigen Fall wurden gezielte Sprengstoffanschläge oder Attentate auf Repräsentanten des türkischen Staates verübt.

Seit 1992 klagt die PKK die Rolle der Bundesrepublik als Waffenlieferant des türkischen Militärs an: 1992 war zum ersten Mal von der Bundesrepublik als "Kriegsgegner Nr. 2" die

Rede. Erstmals warnte die PKK auch vor Reisen bundesdeutscher Touristen in die "Kriegsgebiete Türkei und Kurdistan". Angeblich sollen bei einem Treffen zwischen Öcalan und PKK-Führungsfunktionären am 27. November 1993 Anschläge gegen deutsche Wirtschaftsunternehmen in der Türkei diskutiert worden sein. Konkrete Anhaltspunkte dafür gibt es nicht.

Den nach Anschlägen gefaßten Kurden war nie eine Mitgliedschaft in der PKK nachzuweisen. Im Januar 1994 wurde z.B. ein 29jähriger Kurde wegen Nötigung und Sachbeschädigung zu zehn Monaten Gefängnis ohne Bewährung verurteilt. Er hatte zusammen mit zwei Landsleuten die Geschäftsräume einer türkischen Handelsfirma zertrümmert und die Angestellten mit einer Waffe bedroht. Er habe, rechtfertigte er sein Vorgehen, die Weltöffentlichkeit auf die Verfolgung der Kurden in der Türkei aufmerksam machen wollen.

Überträgt man das Organisationsmuster der PKK aus der Türkei nach Deutschland, dürfte es sich bei den Aktivisten - sofern sie keine bloßen Mitläufer und Sympathisanten sind - um Mitglieder der ERNK handeln. In Türkei-Kurdistan ist die ERNK für militante Aktionen in den Städten zuständig. Die Aktivisten sind keine "kasernierten" Kämpfer, sondern "normale Bürger", die nachts ihre Rollen wechseln und Anschläge verüben. Normalerweise sind diese ERNK-Aktivisten (anders als ARGK-Kämpfer) keine PKK-Kader.

Interessant ist die Besetzung des türkischen Generalkonsulates in München am 24. Juni 1993. Sie wirft ein Schlaglicht auf die zunehmende Aktionsbereitschaft auch nicht von der PKK direkt instruierter Kurden.

Die Besetzung des
türkischen Generalkonsulates in München

Alemanya ist manchmal ein seltsames, schwer zu verstehendes
Land - besonders für das ältere Ehepaar aus Anatolien, das am
Morgen des 12. April 1994 an der Autobahneinfahrt in Mün-
chen-Obermenzing von einem schwerbewaffneten Sonderein-
satzkommando gezwungen wurde, den Reserve-Benzinkannister
in den Tank ihres alten Opels zu gießen. Etwa 10.000 Polizei-
beamte hatten das Justizgebäude in der Münchner Innenstadt
und sämtliche Autobahnzufahrten rings um die bayerische
Landeshauptstadt abgeriegelt - in Erwartung kurdischer Demonstranten, die - wie man aus Beispielen der jüngsten Zeit
wußte - nicht vor Selbstverbrennungen oder Benzinanschlägen
gegen Polizisten zurückschrecken. Die Demonstranten blieben
aus - und so begann der erste Prozeßtag im Münchner
Kurdenprozeß friedlich. Auch das Ehepaar aus Anatolien durfte
- wenn auch mit leerem Benzinkanister und reichlich verstört
über bayuwarische Empfangsrituale - in die Festung München
einfahren.

Was den zwölf Türken kurdischer Abstammung und einem
Libanesen von der Bundesanwaltschaft vorgeworfen wird, spielte
sich zusammengefaßt so ab:

Am Morgen des 24. Juni 1993 betrat zunächst einer der
Angeklagten als Besucher das türkische Generalkonsulat in der
Menzinger Straße in München und sondierte die Lage. Wenig
später drangen die anderen - bewaffnet mit zwei Gaspistolen
und einem "Klappmesser mit Holzgriff" - in das Gebäude. Sie
überwältigten einen Wachmann und entwendeten seine Schuß-
waffe. Das übrige - schwerbewaffnete Wachpersonal - traute

sich für den Rest des Tages aus der schußsicheren Wachkabine nicht mehr heraus. Zwölf der Angeklagten (der 13. hatte sich laut Anklage als unschuldiger Besucher ausgegeben) trieben die anwesenden 21 Konsulatsbediensteten und zwei Besucher in den 1. Stock des Konsulates.

Per Telephon verständigten sie Nachrichtenagenturen und drohten, sich und ihre Geiseln in die Luft zu sprengen, falls Bundeskanzler Helmut Kohl sich nicht öffentlich bereit erklärte, die Militärhilfe für die Türkei einzustellen. Nach und nach ließen die Angeklagten einige ihrer Geiseln frei. Als Vermittler traf der Staatsminister im Bundeskanzleramt, Bernd Schmidbauer, ein. Gegen 23.10 Uhr gaben sie schließlich auf, händigten die Waffen dem Staatsminister aus und bestiegen einen Bus, der sie zum Polizeipräsidium brachte.

Soweit der Tathergang. Die Anklage wirft den Kurden Geiselnahme und Nötigung eines Verfassungsorgans vor - auch der Generalbundesanwalt geht davon aus, daß eine Sprengung des Gebäudes und eine Tötung der Geiseln von Anfang an nicht in Erwägung gezogen war.

Gleichwohl geht der Ankläger von einer "zentralen Steuerung" der Aktion durch die PKK aus: die Angeklagten seien teilweise in die Kaderstruktur der PKK eingebunden bzw. stünden in "großer Nähe" zu der Organisation.

Tatsächlich weisen die äußeren Umstände auf eine zentrale Steuerung der Besetzung hin: nahezu zeitgleich - um 10 Uhr vormittags - begannen die schon erwähnten Gewaltaktionen gegen insgesamt 47 türkische Einrichtungen in der Bundesrepublik und gegen weitere Einrichtungen in Westeuropa. "Die zentrale Vorbereitung und Lenkung der Aktionen setzt einen hohen Organisationsgrad voraus. Über solche festgefügte, gut funktionierende Strukturen verfügt im Bereich des kurdischen Extremismus in Deutschland nur die PKK", heißt es in der Anklageschrift. Außerdem seien bei einer im Anschluß an die Tat erfolgten Durchsuchung des "Kurdistan-Komitees" in Köln eine Unterlage über Organisationsstrukturen sichergestellt worden: aus ihr ergebe sich, daß es innerhalb der der PKK zuzurechnenden Vereine gleichsam eine Aufgabenstellung "Aktionistische Aktivitäten gegen Einrichtungen der Republik Türkei" gebe.

An der zentralen Steuerung und Planung der Aktionen des 24. Juni kann es keinen Zweifel geben - auch nicht am hervorragendem Organisationsvermögen der PKK. Gerade deswegen aber ist der Fall München so interessant. Die Polizei geht davon aus, die Angeklagten seien einmal von einem Komplizen außerhalb des Konsulats und durch einen Kontaktmann in Stuttgart telephonisch "ferngesteuert" worden. Warum aber lief dann die gesamte Geiselnahme so chaotisch ab? Die Angeklagten hatten nicht einmal die Telephonnummern der Nachrichtenagenturen bei sich (auch nicht der kurdischen KURD-A) und mußten erst einmal die Telephonauskunft bemühen. Die Konsulatsbediensteten erklärten übereinstimmend, die Angeklagten hätten sich ständig gestritten, keiner wußte richtig, was zu tun sei, sie hätten keinerlei Ortskenntnisse gehabt, und eine hierarchische Struktur innerhalb der Gruppe sei nicht erkennbar gewesen. Daß die Angeklagten mit ihren zwei Gaspistolen überhaupt in das Gebäude gelangten, war eher Zufall und Nachlässigkeit des Wachpersonals.

Die Umstände lassen auch eine andere Version als die strikte Steuerung instruierter PKK-Kader zu - eine Version, von der die Verteidiger ausgehen. Danach hatten sich die Angeklagten - wie auch die Bundesanwaltschaft sagt - am Vorabend am Münchner Hauptbahnhof getroffen: Vier der Angeklagten waren aus Stuttgart, fünf weitere aus dem schwäbischen Raum angereist, vier wohnten in München.

In kurdischen Kreisen war bekannt, daß an diesem 24. Juni 1994 "etwas steigen soll" (übrigens hatte auch das türkische Konsulat in einem Schreiben an die Polizei auf den bevorstehenden Aktionstag hingewiesen). Die Verteidiger vermuten, daß die neun angereisten Angeklagten deswegen nach München kamen, weil sie in ihren Wohnorten der Polizei bekannt waren und an dem angekündigten Aktionstag vermutlich wenig ausgerichtet hätten: deswegen sei man übereingekommen, nach München zu fahren. Ob die Angeklagten von sich aus entschieden, das Konsulat zu besetzen, oder ob ihnen die Aktion vorgeschrieben wurde, ist vermutlich nicht zu klären. Entscheidend ist die Aktionsbereitschaft der Kurden, die für politisch motivierte Straftaten auch langjährige Haftstrafen in Kauf nehmen. Das Münchner Beispiel läßt die Vermutung zu, daß die PKK für ihre Aktionen überhaupt keine Kader einzusetzen braucht, sondern daß Sympathisanten von sich aus aktiv werden.

Die Mitgliedschaft bzw. Nähe zur PKK schloß die Bundesanwaltschaft aus folgenden Umständen: Vier der Angeklagten hatten ihre Asylanträge mit ihrer Mitgliedschaft in der PKK und deren Organisationen oder mit deren Unterstützung begründet (eine Mitgliedschaft hatte keiner angegeben, sondern nur Tätigkeiten für die PKK). In der Unterkunft von vier der Angeklagten fand die Polizei Bücher, Flugblätter, Schriften und Plakate der PKK und ihrer Organisationen (was wiederum bei Tausenden von Kurden ebenfalls der Fall sein dürfte). In der Wohnung eines Angeklagten fand sich eine Sammelkasse mit der Kennzeichnung "ERNK 1985" sowie ein ERNK-Spendenquittungsblock. Hier dürfte es sich also um einen Spendensammler (der nicht Kader sein muß) handeln. Einige der Angeklagten waren schon früher aufgefallen, z.B. beim Kleben von PKK-Plakaten. Zwei werden darüber hinaus verdächtigt, gemeinsam mit zwei weiteren Tätern am 22. Juni 1993 die Redaktionsräume der Zeitschrift 'Focus' verwüstet zu haben. Ein an der Konsulatsbesetzung beteiligter Jugendlicher (dessen Fall gesondert verhandelt wird) ist ebenfalls vorher (und gleich danach bei einer Autobahnblockade wieder) bei Aktionen von Kurden aufgefallen.

122

Zusammengefaßt lassen sich aus dem Beispiel München folgende Schlußfolgerungen ziehen:

- Die PKK ist in der Lage (unter Umständen durch die bloße Ankündigung eins Aktionstages) überwiegend junge Kurden (der älteste in München war 29 Jahre alt) zu mobilisieren. Das mobilisierbare Potential ist das Sympathisantenfeld der PKK.

- Die PKK ist gar nicht darauf angewiesen, Kader einer Strafverfolgung auszusetzen: vielmehr sind Dutzende, vermutlich hunderte von Kurden mittlerweile bereit, aus Protest gegen die Situation in ihrer Heimat auch Haftstrafen in Kauf zu nehmen (die Münchner Geiselnehmer erwartet eine Mindeststrafe von fünf Jahren).

Die PKK: Drogenmafia in Deutschland?

Wann immer Onur Öymen, der türkische Botschafter in Bonn, mit deutschen Politikern oder Journalisten zusammentrifft, hat er ein Herzensanliegen: Man möge doch bitte zur Kenntnis nehmen, daß die PKK eine Terrororganisation sei, die sich durch Schutzgelderpressung und Drogenhandel finanziere. "Allein im Jahr 1993" erklärt der Pressesprecher des Botschafters dem Autor, "sind in über 60 Fällen PKK-Aktivisten nachweislich am Drogenhandel beteiligt gewesen." Diese Zahl gehe auf Angaben der deutschen Sicherheitsbehörden zurück. Ins gleiche Horn stößt auch das Nachrichtenmagazin 'Focus', das seit der Verwüstung seiner Münchner Redaktionsräume durch militante Kurden ein verständlicherweise gestörtes Verhältnis zur PKK hat: "Nach Informationen des Bundeskriminalamtes (BKA) wollen PKK-Funktionäre in Deutschland pro Tag 500.000 DM eintreiben" (21.2.1994). Einen Monat später legt 'Focus' nach und zitiert einen "19jährigen kurdischen Kleindealer," der "gelegentlich" als V-Mann für die Bremer Polizei arbeite. 'Mehmet aus Bingöl' verrät, daß Asylbewerber von der PKK für rund 4.000 DM eingeschleust würden. Dafür - so Mehmet - müßten sie "als Heroindealer Geld heranschaffen für den kurdischen Freiheitskampf." Mehmet aus Bingöl/Bremen dient sich auch anderen Journalisten als höchst ergiebige Quelle an. Er behauptet, bereits im Alter von 15 Jahren in seiner Heimat von einem PKK-Funktionär angesprochen und nach Deutschland geschickt worden zu sein, um Geld zu verdienen für die kurdische Sache. Bei seinen Enthüllungen über den Drogendeal auf Bremens Straßen gibt er zu bedenken, er sei ein 'toter Mann', wenn sein Interview herauskäme - was freilich seinen

Redefluß nicht mindert. "Sechs PKK-Funktionäre," so Mehmet, seien allein in Bremen fürs Geldeintreiben zuständig. Die sechs müßten jede Menge zu tun haben, denn der Gelegenheits-V-Mann outet "etwa 1.000 Leute - meist Asylbewerber," die allein in Bremen(!) für die PKK mit Drogen dealen würden. Die großen Dealer müßten monatlich zwischen 30.000 und 60.000 DM an die PKK zahlen, er selbst müße von seinem monatlichen Gewinn von etwa 2.000 DM die Hälfte gleich an die PKK abgeben. (Laut 'Focus' "schulen PKK-Kapos jetzt regelmäßig ihre frisch rekrutierten Drogendealer" im verbotenen kurdischen Kulturverein).

Merkwürdigerweise ist den bundesdeutschen Sicherheitsbehörden von diesen und anderen Drogengeschäften der PKK nichts bekannt. Am 20.Mai 1994 teilt der Sprecher des Bremer Polizeipräsidiums dem Autor kurz und bündig mit, daß weder der Polizei noch dem LKA der Vorgang bzw. der Informant geläufig sei. In Hintergrundgesprächen mit dem Bundeskriminalamt, dem Bundesamt für Verfassungsschutz, diversen Landesämtern für Verfassungsschutz und Landeskriminalämtern in der Zeit zwischen Juli 1993 und Mai 1994 bekam der Autor stets die gleiche Auskunft: Es gibt keinerlei Anhaltspunkte, daß die PKK in Deutschland im Drogengeschäft involviert ist. Experten des Bundesamtes für Verfassungsschutz bekräftigen noch im April 1994: Bis dato sei der PKK in keinem einzigen Fall nachzuweisen, daß Dealer in ihrem Auftrag aktiv sind. Eckart Werthebach, Präsident des Bundesamtes für Verfassungsschutz, geht sogar davon aus, daß eine "Beteiligung der PKK an Drogengeschäften dem Ziel der Partei, sich als politische Kraft zu präsentieren ", entgegenstehe und somit eher schädlich sei (Interview mit dem Autor, Juli 1993).

Die Sicherheitsbehörden verweisen vielmehr auf Fälle, in denen sich beim Drogenhandel ertappte Kurden als 'PKK-Mitglieder' ausgaben, die zum Dealen 'gezwungen' worden seien.

So teilte das Bundesinnenministerium auf eine parlamentarische Anfrage im Deutschen Bundestag am 11.11.1992 mit: "Was Straftaten des Rauschgift- und Waffenhandels sowie der Gelderpressung von kurdischen Türken in der Bundesrepublik Deutschland anbelangt, so hat sich nach den Erkenntissen der Ermittlungsbehörden der behauptete organisationsbezogene Hintergrund bislang nicht bestätigt. Die Täter waren vielmehr im allgemeinen kriminellen Milieu angesiedelt und ein Tätigwerden für die PKK - soweit es im Einzelfall behauptet wurde - war nur vorgetäuscht."

Solche Fälle passsieren nicht selten, denn unter den in Deutschland aktiven Drogenhändlern sind Türken die größte 'Volksgruppe'. 60 Prozent des in Europa gehandelten Heroins wird entweder über die Türkei eingeschmuggelt oder kommen direkt aus der Türkei. Bingöl zum Beispiel gilt als Anbaugebiet: Aus Bingöl stammen überproportional viele in der Bundesrepublik ertappte Dealer. Drahtzieher sind oft kurdische Großgrundbesitzer (sogenannte 'Agas') die in ihren Gebieten nach wie vor wie Feudalherren herrschen. In einem Drogenverfahren in Bremen gab ein Göttinger Sachverständiger zu bedenken, daß ein Informant des Auswärtigen Amtes ein Großgrundbesitzer aus der Gegend von Mardin (Südostanatolien), also ein Kurde sei: dieser 'Aga' betreibe an der sogenannten "Seidenstraße" eine Großtankstelle, die gleichzeitig als Paßfälscherwerkstatt und Hauptumschlagplatz für Drogen in der Umgebung betrieben werde.

Für die These der PKK, in Wahrheit beteiligten sich türkische Behörden, der türkische Geheimdienst MIT und die faschistischen "Grauen Wölfe" am Rauschgifthandel, gibt es allerdings keine gerichtsverwertbaren Erkenntisse. Ende der siebziger/Anfang der achtziger Jahre war allerdings in zwei Fällen gegen Mitglieder der "Nationalen Heilspartei" (der Partei der Grauen Wölfe) ermittelt worden.

Bundesdeutsche Experten sind sich allerdings nicht sicher, ob die PKK nicht indirekt in Einzelfällen vom Drogengeschäft profitiert. Sie vermuten, daß die PKK ihr bekannt gewordene kurdische und eventuell auch türkische Dealer in der Bundesrepublik "abschöpft", auch wenn es bislang keine Ermittlungsverfahren in dieser Richtung gibt. Die PKK ihrerseits bestreitet diese Praxis entschieden: Sie ist - wie gesagt - bislang nicht nachgewiesen, gleichwohl gibt es den Kriminal- und Verfassungsschutzbehörden zufolge entsprechende "Verdachtsmomente".

"Die profitabelste Einkommensquelle der PKK ist das zunehmende Engagement der Organisation im internationalen Drogenverkehr, die der Organisation, nach Angaben eines Offiziellen, in den neunziger Jahren ein jährliches Einkommen von nicht weniger als 500 Millionen Mark verspricht". Diese markige These vertritt der Istanbuler Journalist Ismet G. Imset, der eine vielbeachtete Studie zur PKK geschrieben hat. Mit dem "Offiziellen" kann freilich nur ein Mitglied des türkischen Staatsapparates gemeint sein, womit zumindest die Objektivität dieser Quelle fraglich ist. Imset verweist auf einen im September 1992 im türkischen Magazin 'Tempo' zitierten (nicht abgedruckten!) Bericht von INTERPOL. Dem Bericht zufolge sei der PKK in fünf Fällen nachgewiesen worden, Drogen aus dem Mittleren Osten nach Westeuropa zu spedieren: Demnach seien

- im Juli 1989 in Belgien zwei PKK-Funktionäre namens Yilmaz S. und Ahmet Y. mit 60 kg Kokain
- im September 1989 in Istanbul das PKK-Führungsmitglied Turgut S. mit 10 Kilogramm Heroin
- im November 1990 in Arnheim an der holländisch-deutschen Grenze das PKK-Mitglied Cengiz B. mit 48 kg Heroin
- im Juli 1991 in Köln Vahit K., ein angeblich führender Militanter der PKK, mit 2,5 kg Heroin, und

- im Mai 1992 (ohne nähere Ortsbezeichnung) Mehmet A.,
  ebenfalls als führender Militanter der PKK beschrieben, mit
  13,5 kg Heroin

erwischt worden. INTERPOL gibt dazu grundsätzlich keine
Auskünfte. In der Bundesrepublik müßte zumindest der Kölner
Fall aktenkundig sein: merkwürdiger- (oder bezeichnen-
der-)weise beharren die Sicherheitsbehörden darauf, ihnen sei
kein Fall bekannt, in dem die PKK gezielt in Drogengeschäfte
involviert sei.

Ismet Imset wirft darüber hinaus in seiner Studie der PKK
in der Türkei und in den Nachbarländern umfangreiche Aktivitäten im Rauschgiftgeschäft vor. Demzufolge organisiert die
PKK nicht nur den Drogentransport aus Afghanistan, Syrien
und dem Iran über die Türkei nach Westeuropa. Angeblich
unterhält sie auch in der Bekaa-Ebene im Libanon eigene La-
boratorien zur Opium-Herstellung. Als Quelle benennt Imset
allerdings ausschließlich türkische Zeitungen (Tercuman,
Hürriyet, Tempo), die wiederum auf nicht näher bezeichnete
"Offizielle" verweisen. Da der türkische Staat ein erhebliches
Interesse hat, die PKK zu diskreditieren, sind solche Quellen
mit Vorsicht zu genießen. In den Lageberichten des Bundeskriminalamtes zum Beispiel tauchen die von Imset zitierten
Fälle nicht auf.

Jedenfalls dürfte der Lagebericht des Auswärtigen Amtes an
die türkische Botschaft, Bonn, vom 18.Februar 1994 für die
Empfänger eine Enttäuschung gewesen sein. Das Dossier unter
dem Aktenzeichen "510-512, TUR" diente zur Vorbereitung
einer Sitzung der deutsch-türkischen Arbeitsgruppe. Im Punkt
III "Straftaten zur Finanzierung der PKK" werden Drogen mit
keinem Wort erwähnt. Das Außenministerium beschränkt sich
auf den Punkt "Spendensammlungen", einem überaus spannen-
dem Kapitel des Themas 'PKK'.

128

"Spende für den Befreiungskampf" oder "Schutzgeld"?

"Hier ist das vertrauliche Telephon des Bayerischen Landeskriminalamtes. Wir brauchen Ihre Unterstützung. Türkische und kurdische Organisationen bedrohen Landsleute, um für ihren Kampf in der Heimat Spenden zu sammeln. Falls sie gezwungen werden, einer solchen Organisation Geld zu bezahlen oder zu diesem Thema etwas sagen möchten, können Sie auf das Band sprechen. Wir danken für Ihre Mithilfe." Mit diesem Ansagetext - in türkischer Sprache gesprochen und zu hören unter der Nummer 089-183369 sucht das Bayerische Landeskriminalamt seit dem Februar 1994 nach Zeugen. Flankiert wird die Telephonaktion von Aufrufen in der Tageszeitung "HÜRRIYET", dem in Deutschland meistgelesensten türkischen Blatt. Den Artikel im "Hürriyet" zieren zwei Konterfeis zweier angeblicher "Schutzgelderpressser" der PKK aus Memmingen, die türkische Geschäftsleute und Asylbewerber kurdischer Herkunft bedroht haben sollen. Unter anderem sollen sie einen Geschäftsmann niedergeschlagen und ihm dabei erhebliche Kopfverletzungen beigebracht haben. Das Opfer hatte sich geweigert, für die PKK zu "spenden".

Die Vorwürfe gegen Hüseyn M. und Melek S. sind keine Einzelfälle: Seit Jahren wird die PKK bezichtigt, "Spenden" unter in Deutschland lebenden Kurden notfalls mit Gewalt einzutreiben. Anders als in Sachen Drogen liegen durchaus konkretere Anhaltspunkte vor. Zwar schrammt auch hier 'Focus' an der Realität vorbei und spricht von "100 Fällen" im vergangenem Jahr - die Polizei rechne für 1994 mit "deutlich mehr" (die türkische Botschaft spricht sogar von "gängiger Praxis"): aber immerhin registriert das Bundesamt für Verfassungsschutz derzeit etwa "50 laufenden Verfahren" (Stand April 1994).

Das bayerische Landeskriminalamt verzeichnete seit 1991 18 Verfahren im Zusammenhang mit der PKK (acht andere Fälle wurden zwei türkischen Linksextremistengruppen zugeordnet). In Kempten schlug ein "Sammler-Quartett" vier zahlungsunwillge kurdische Asylanten nieder - drei waren maskiert und entkamen, einer sitzt in Haft. In Regensburg erpresste ein inzwischen verurteilter Kurde von einem Landsmann 3.000 DM. Im März 1994 wurde in Ingolstadt ein 37jähriger Kurde wegen gefährlicher Körperverletzung und versuchter räuberischer Erpressung zu einer Freiheitsstrafe von drei Jahren und drei Monaten verurteilt. Im Oktober 1993 hatte dieser - so das Urteil - von einem Landsmann eine Spende für die PKK verlangt und dessen Weigerung mit einem Faustschlag ins Gesicht quittiert.

Der bereits zitierte Lagebericht des Auswärtigen Amtes vom 18. Februar 1994 stellt fest: "In den letzten Monaten ist ein erhöhtes Meldeaufkommen von Sachverhalten zu verzeichnen, nach denen Spenden mit massiver Bedrohung und Einschüchterung der Geschädigten und Angehöriger kurdischer Organisationen eingezogen werden und es bei Spendenverweigerung zu tätlichen Angriffen auf Personen kommt. Betroffen sind neben kurdischen Geschäftsleuten und Arbeitnehmern auch Asylbewerber."

Bei der Staatsanwaltschaft Bonn waren im Februar 1994 allein zwölf Ermittlungsverfahren wegen des Verdachts der räuberischen Erpressung durch PKK-Sympathisanten anhängig. Die Staatsanwaltschaft vermutet, daß die Erpressungen aus dem verbotenen Bonner "Kurdistan Zentrum e.V." organisiert wurden.

Freilich beklagen die Ermittlungsbehörden immer wieder mangelnde gerichtsverwertbare Aussagen Geschädigter oder Zeugen. Begründet wird der Beweismangel mit Angst vor Repressalien. Auch die anonymen Telephone (neben München in Stuttgart, Berlin, Hamburg) bleiben weitgehend ungenutzt und sind darüberhinaus problematisch, weil auf diesem Wege Denunzianten Tür und Tor geöffnet wird. In vielen Gesprächen haben Kurden dem Autor gegenüber immer versichert, die

Sammlungen verliefen auf freiwilliger Basis - auch wenn Übergriffe Einzelner nie auszuschließen seien. Auch beim Bundeskriminalamt (wie auch in den Landeskriminalämtern und bei den Verfassungschutzbehörden) gehen die Experten davon aus, daß es über Einzelfälle hinaus keine Direktiven gibt, Gelder unter Drohungen einzutreiben.

Immerhin kommt der Abteilungspräsident "Staatsschutz" beim Bundeskriminalamt, Dr. Wolfgang Steinke, zu einem bemerkenswerten Schluß:

"Die bisher bekanntgewordenen Spenden- und Schutzgelderpressungen sowie die Überfälle auf illegale türkische Spielsalons müssen nicht unbedingt Aktivitäten zur Finanzierung der PKK-Aktionen sein. Beweise dafür jedenfalls sind nicht vorhanden. Es gibt sogar Hinweise, daß türkische Täter aus dem allgemeinen kriminellen Milieu so tun, als ob sie sich am 'kurdischen Freiheitskampf' beteiligen, aber ihr eigenes Süppchen kochen. Es ist eher davon auszugehen, daß die PKK ihren Finanzbedarf aus offifziellen Spenden deckt, aus dem Erlös von Literatur und von politischen und kulturellen Veranstaltungen." (Zeitschrift Kriminalistik 7/93).

Mitunter erweisen sich die vermeintlichen Erpressungsfälle als bloßer Vorwand für einen ganz anderen Tatzusammenhang. Ein erst kürzlich beim Landgericht Rottweil abgeschlossenes Verfahren ist ein gutes Beispiel: Ein Türkischer Staatsbürger kurdischer Abstammung hatte eine Gruppe von sechs jungen Kurden bezichtigt, ihn und seine Familie im Mai 1993 zusammengeschlagen und die Herausgabe eines größeren Geldbetrages für die PKK verlangt zu haben (im Laufe des Verfahrens gab der Betroffene mal 500,- mal 1.000,- und mal 2.000,- DM an). Die Staatsanwaltschaft erhob Anklage wegen versuchter räuberischer Erpressung und schwerer Körperverletzung, zwei der Beschuldigten saßen 10½ Monate in Untersuchungshaft.

Der Kläger ist übrigens Asylbewerber, der seinen Asylantrag mit seiner Anhängerschaft zur PKK begründet hatte. Tatsächlich stellte sich heraus, daß der Kläger vor dem vermeintlichen Überfall sechs Landsleute - ebenfalls Asylbewerber - beim Sozialamt wegen Schwarzarbeit angeschwärzt hatte, worauf den Betroffenen Sozialleistungen gekürzt wurden. Die wegen der angeblichen Erpressung Angeklagten hatten den Kläger dann abends auf der Straße zufällig getroffenen und ihn, um ihn aus Rache einzuschüchtern, mit einem Stock bedroht, ohne ihm ein Haar zu krümmen (seine Familie war überhaupt nicht anwesend). Obwohl dieser Sachverhalt unter anderem durch die Aussage seiner Frau von Anfang an ziemlich deutlich war, hat die Staatsanwaltschaft bis zuletzt unbeirrt an der Anklage festgehalten.

Die Spendensammlungen der PKK

Zu den wichtigsten Aufgaben der PKK in Europa und vor allem in der Bundesrepublik gehört Geldsammeln: Geld zur Finanzierung des "Befreiungskampfes in Kurdistan".

In der Regel ruft das Zentralkomitee zu "Jahressammlungen" oder zu projektbezogenen Sammlungen (z.B. Finanzierung einer Zeitung) auf. Für diese Sammlungen wird ein Zeitraum (in der Regel 2-3 Monate) und ein Spendenziel vorgegeben. Über dieses Ziel wird viel spekuliert, konkrete Zahlen existieren nicht. Das bayerische Landeskriminalamt geht für 1994 allein für Bayern von einer Spendenvorgabe von 5 Millionen Mark aus. 1993 wurden bundesweit, schätzen Experten des Bundesamtes für Verfassungschutz, 17 Millionen Mark gesammelt, das Spendenziel von 25 Millionen sei damit verfehlt gewesen. Nach Aussage des Europasprechers der ERNK, Yilmaz Kani, gegenüber dem Verfasser haben sich die Experten dabei ziemlich verschätzt: Von den ca. 500.000 in Deutschland lebenden Kurden hätten 245.000 gespendet, die "weit über 25 Millionen" berappt hätten.

Das Einsammeln der Gelder geschieht auf zwei Wegen: Einmal in Veranstaltungen, die meist in den Räumen der Kulturvereine stattfinden. Auf diesen Veranstaltungen erläutert ein PKK-Vertreter eindringlich die Bedeutung der Sammlung und den Verwendungszweck. Viele der Anwesenden verpflichten sich dann öffentlich, eine bestimmte Summe zu spenden (bei einer Veranstaltung in München hat einer der Anwesenden seine Eigentumswohnung in Istanbul gespendet). Möglicherweise soll mit dieser Form der öffentlichen "Auslobung" auch ein Nachahmungseffekt entstehen: Denn manche teilen öffentlich ihre Einkommenssituation und die von ihnen geplante Spendenhöhe mit - andere, die in ähnlichen Verhältnissen leben, haben damit "Anhaltspunkte", welche Finanzleistung von ihnen erwartet werden könnte - in Abhängigkeit des Familienstandes, des Arbeitsverhältnisses, usw. Allerdings bleiben diese Spenden grundsätzlich freiwillig, die Höhe wird nicht vorgeschrieben. Der zweite Weg ist die direkte Haussammlung: Von der Partei autorisierte Sammler, die als besonders eloquent gelten, gehen bei den hier lebenden Kurden von Tür zu Tür. (Wobei sich die Sammler nach Erzählungen von Kurden als sehr hartnäckig zeigen: Werden sie abgewiesen, bitten sie, zumindest eine Zeitung oder Zeitschrift zu kaufen. Außerdem bitten sie um Einlaß für Gespräch, in dem die Ziele des Befreiungskampfes erläutert werden sollen. Wird auch das abgelehnt, bitten sie um einen neuen Gesprächstermin). Mitunter ufern die "Überredungskünste" aus: In München wandte sich ein arbeitsloser Kurde hilfesuchend an einen SPD-Landtagsabgeordneten: er sei von der PKK zu einer Spende von 10.000,- DM überredet worden, die er auch gezahlt habe. Die Beträge, die normalerweise gezahlt werden, sind ganz unterschiedlich: Asylbewerber zahlen unter 100 Mark, Geschäftsleute bis zu 5.000 DM, schätzt das Bundeskriminalamt. In Einzelfällen wurden Beträge von bis zu 50.000 DM gezahlt. Natürlich gibt es keine offiziellen Bilanzen - Anhaltspunkte ergeben sich meist nach Hausdurchsuchungen der Polizei: Denn über die Spenden wird innerhalb der Partei penibel abgerechnet. Jeder Sammler legt dem Spender einen gedruckten, fortlaufend nummerierten Quittungsblock vor. Als Verwendungszweck nennt der Vordruck ("Spendenquittung der ERNK") "für den Aufbau und die Freiheit Kurdistans" - dann den Namen des Spenders, Ort, Zeit, Betrag, und schließlich - als Quittierenden - den Namen des Sammlers (wobei Mitglieder der PKK grundsätzlich unter ihrem Deck- bzw. Kampfnamen auftreten). Das gesammelte Geld wird entweder auf Festgeldkonten eingezahlt oder über Umwege (Griechenland, Zypern) nach Damaskus transferiert.

Neben den Spendenkampagnen verpflichten sich viele in Deutschland lebende Kurden, monatlich einen bestimmten Betrag an die PKK abzuführen. Auch diese Zahlung - wird von PKK-Seite immer wieder betont - ist freiwillig, auch hier wird der Betrag Monat für Monat von einem Sammler an der Haustür abgeholt.

Die Liquidierungspolitik der PKK in Europa

Am 7. März 1994 verkündete das Oberlandesgericht Düsseldorf im laut Bundesanwaltschaft "größten Terrorismuspozeß in der Geschichte der Bundesrepublik" das Urteil gegen vier Mitglieder der PKK: Hasan Güler und Ali Aktas erhielten wegen Mordes eine lebenslange Freiheitsstrafe, Ali Haydar Kaytan und Duran Kalkan alias Selehattin Erdem wurden zu sieben bzw. sechs Jahren Freiheitsstrafe verurteilt und wegen der langen Untersuchungshaft sofort auf freien Fuß gesetzt. Nach über viereinhalbjähriger Prozeßdauer waren damit letztendlich vier von ursprünglich 19 angeklagten mutmaßlichen Mitgliedern der PKK verurteilt. Immerhin handelt es sich bei den vier um hochkarätige PKK-Funktionäre: sie gehörten dem europäischen Zentralkomitee an, Erdem und Kaytan (der zu den Mitbegründern und einflußreichsten PKK-Funktionären zählt) waren darüberhinaus Mitglieder des Zentralkomitees in Damaskus. Auch die anderen ursprünglich Beschuldigten wurden der europäischen Führungsspitze zugerechnet - die Bundesanwaltschaft war sich sicher, die "gesamte europäische Führungsebene" der PKK auf der Anklagebank sitzen zu haben.

In der Urteilsbegründung ging der Vorsitzende des Oberlandesgerichtes auch auf andere Straftaten ein, die der PKK in den achtziger Jahren zur Last gelegt wurden: Konkret geht es um die Ermordung von Parteiabweichlern und führenden Repräsentanten konkurrierender Organisationen in den Jahren zwischen 1984 und 1987. Nach den Ausführungen des Vorsitzenden waren Parteimitglieder, die nicht auf der Linie von PKK-Generalsekretär Abdullah Öcalan gewesen seien, als "Verräter" oder "Abweichler" gebrandmarkt worden. Zunächst sei es zu einer Serie von Tötungen in Europa, vor allem in Schweden und Deutschland gekommen: eine eigene, dafür zuständige Einheit habe es anfänglich noch nicht gegeben. Bereits 1984 habe Öcalan aber eine "Professionalisierung" der Arbeit in Europa angeordnet. Seit Mitte 1984 bestand demnach mit Zentrale in Köln eine abgegrenzte Teilorganisation, ein Komitee für "Aufsicht und Nachrichtenwesen" (die Anklageschrift hatte noch von einem Komitee "Parteisicherheit, Kontrolle, Nachrichtendienste" gesprochen): Aufgabe dieses Komitees sei es gewesen, Parteiabtrünnige und Abweichler sowie Funktionäre konkurrierender kurdischer Organisationen, in denen die Parteiführung eine Gefahr für die Existenz und die Einheit der Partei sowie den von ihr geltend gemachten Alleinvertretungsanspruch für das kurdische Volk sah, zu verfolgen und äußerstenfalls zu töten. Nach Auffassung des Gerichts bestand diese Teilorganisation aus dem Europaverantwortlichen der PKK, den Mitgliedern des Exekutivkomitees und des europäischen Zentralkomitees, sowie aus Mitgliedern "spezieller, mit der Ausführung beauftragter Einheiten". Diesen "Einheiten" werden europaweit ca. 15 Morde bzw. Mordversuche angelastet - allerdings mit sehr "unterschiedlichen Verdachtsmomenten" (Aussage eines Beamten des Bundeskriminalamtes gegenüber dem Verfasser, Juli 1993).

In der Bundesrepublik wurde die PKK mit folgenden Morden in Verbindung gebracht:

- Mai 1984: Mordversuch an Mehmet Bingöl in Bad Kreuznach
- Juni 1984: Ermordung von Murat Bayrakli in Berlin
- August 1984: Ermordung von Zülfü Gök in Rüsselsheim
- Februar 1986: Ermordung von Kürsat Timuroglu in Hamburg

- März 1987: Attentat auf das Bundesvorstandsmitglied von KOMMKAR ("Föderation der Arbeitervereine aus Kurdistan in der Bundesrepublik"), Mehmet Elbistan in Stuttgart
- Mai 1987: Ermordung des KOMMKAR-Bundesvorstandsmitgliedes Ramazan Adigüzel in Hannover.

(Die Düsseldorfer Angeklagten Aktas und Güler sind wegen der Anschläge von Bad Kreuznach, Berlin, Rüsselsheim und Hannover verurteilt worden).

Dem Angeklagten Ali Haydar Kaytan war in Düsseldorf außerdem vorgeworfen worden, in einem PKK-Lager im Libanon an der Hinrichtung zweier Funktionäre beteiligt gewesen zu sein - nach Auffassung des Gerichtes fiel diese Tat unter ein Amnestiegesetz, das der Libanon für die Zeit des Bürgerkrieges erlassen hatte. Das Gericht sah es allerdings als erwiesen an, daß Kaytan einem "Revolutionsgericht" angehört hatte, das die Opfer zum Tode verurteilte.

Die Existenz eines derartigen "Revolutionsgerichtes" - genauer eines "Volksgerichtes", wollte die Bundesanwaltschaft auch in Europa nachweisen. In der Anklageschrift heißt es:

"Gängiger Parteipraxis entspricht es, wirkliche oder vermeintliche Abweichler aus den eigenen Reihen auch in Europa bis hin zur psychischen Vernichtung zu verfolgen. Da die Partei im Kampf der Kurden um einen eigenen Staat die uneingeschränkte Führungsrolle beansprucht, schreckt sie vor der Mißhandlung und Tötung von Repräsentanten anderer kurdischer Exilorganisationen nicht zurück. Mit der Verfolgung und Bestrafung von inneren und äußeren Feinden der Partei sind auch in der Bundesrepublik Deutschland besondere Organisationseinheiten aus dem Arbeitsbereich für 'Parteisicherheit, Kontrolle, Nachrichtendienst' befaßt, die auf Befehl der Parteiführung gebildet und tätig werden. Abtrünnige oder wegen parteischädigenden Verhaltens aufgefallene Parteimitglieder werden gefangengenommen und Volks- oder Revolutionsgerichten zugeführt, die jeweils nach der Schwere des Vorwurfs Strafen bis zur Tötung des Verräters verhängen. Eines dieser Gerichte tagte in Köln, dem Sitz der Europaführung der Partei. Die führenden Parteifunktionäre, namentlich die Mitglieder des Europäischen Zentral- und Exekutivkomitees, sowie die im Arbeitsbereich 'Parteisicherheit, Kontrolle und Nachrichtendienste' eingesetzten Parteimitglieder kennen und billigen die Praxis der Partei, innere und äußere Parteifeinde auch mit dem Tod zu bestrafen."

Die Anklage stützte sich im wesentlichen auf die Aussage zweier Kronzeugen, die sich 1988 der Polizei gestellt hatten: beide behaupteten - voneinander unabhängig - sie wären vor einem "Volksgericht" in Köln geflohen. Die beiden, Nurset Arslan und Hasan Dogan, machten detaillierte Angaben zur Führungs- und Organisationsstruktur der PKK und behaupteten, sie hätten sich von der PKK wegen der Liquidierungspraxis getrennt. Hasan Dogan, der frühere Leiter der Parteiregion Bielefeld, gibt an, er sei von einem "Volksgericht" im Büro des "Kurdistan-Komitees" in Köln festgehalten worden, weil er die Partei verlassen und heiraten wollte. Bei stundenlangen Vehören sei er mißhandelt und anschließend in einer Privatwohnung inhaftiert worden. Nurset Arslan beschuldigt die PKK, sie hätte ihn in Hannover gewaltsam entführt und vor das "Volksgericht" in Köln bringen wollen, weil er die Partei verlassen wollte. Unterwegs sei ihm die Flucht gelungen.

Daß die PKK mißliebige Parteimitglieder im Libanon liquidiert hat, steht fest. In ihren Publikationen hat die PKK nie ein Hehl daraus gemacht. In einer "Neujahrsbotschaft" Abdullah Öcalans, abgedruckt in der Zeitung "Serxwebun" im Januar 1986 heißt es z.B.: "Heute schreien einige: 'Die PKK bestraft diejenigen, die aussteigen.' Wir sagen, es muß allen bewußt sein, daß die PKK diejenigen nicht nur bestrafen wird, sondern ihnen kein Lebensrecht einräumen wird." Und weiter: "Wir sagen es immer wieder, die PKK wird denjenigen, ob innerhalb der eigenen Reihen oder außerhalb, kein Lebensrecht einräumen, die unsere Einheit und den Widerstand liquidieren wollen … Wir werden diejenigen gnadenlos liquidieren."

In "Serxwebun" vom Juli 1985 hatte es geheißen: "Es gibt niemanden, der die PKK verläßt. Diese Leute, von denen andere behaupten, sie verlißen die PKK, sind eine Gang von Komplotteuren, die unsere Partei vernichten wollen. Sie sind Monster mit blutigen Händen, die sich im Auftrag Evrens [General und Staatspräsident während des Putsches, d. Verf.] in unserer Partei bewegen." Direkt gemeint war damals eine Gruppe um das frühere ZK-Mitglied Cetin Güngör ("Semir") der die Partei verlassen und den diktatorischen Stil Öcalans von Schweden aus vehement kritisert hatte. Der Artikel war ein Beispiel für die damals übliche Praxis der PKK, Liquidierungen propagandistisch vorzubereiten und zu rechtfertigen. Semir wurde wenig später von der PKK in Stockholm erschossen. Im November 1985 hieß es abschließend in einem Flugblatt der PKK: "Semir, der am 2. November in Stockholm von einem Patrioten bestraft wurde, war ein Provokateur von volks- und revolutionsfeindlichem Charakter".

Semir hatte die PKK auch beschuldigt: "In den internen Ausbildungsbroschüren der PKK wird die theoretische Grundlage geliefert, wie die PKK in Zukunft den bewaffneten Kampf gegen die Gruppen außerhalb der PKK führen wird" (aus "Erklärung von Semir" 18.3.1984). Ende Dezember 1985 kam es in Paris zu einer folgenschweren Auseinandersetzung zwischen Angehörigen von zehn verschiedenen kurdischen und türkischen Organisationen und der PKK. Ein PKK-Mitglied wurde erstochen. Wenige Tage später rief die ERNK ihre Anhänger unverholen auf, "erlaubt es nicht, daß sich die das Blut der heldenhaften Söhne unseres Volkes saugenden Draculas frei unter uns bewegen." Fortan sprach die PKK von der "liquidatorischen Linken". 1987 sprach die PKK anderen kurdischen Organisationen das Recht ab, das kurdische Neujahrsfest Newroz feiern zu dürfen. Um diesen Alleinvertretungsanspruch durchzusetzen, griffen PKK-Anhänger in verschiedenen Städten Newroz-Feiern von KOMMKAR und verübten unter anderem fünf Brandanschläge. Bei einer handgreiflichen Auseinandersetzung in München wurde dabei das ERNK-Mitglied Ahmet Aydin erschossen. Kurz danach wurden zwei Mitglieder des KOMMKAR-Bundesvorstandes ermordet.

Die PKK hatte die Verantwortung für diese Morde bestritten. Im Oktober 1987 leitete das ZK Untersuchungen über die Tätigkeit ihrer Europavertreter Ali Cetiner und Edip ein: beide wurden (so die spätere Auskunft der PKK) aller Ämter enthoben und ausgeschlossen. Ali Cetiner ("Cafer") spielte drei Jahre später im Düsseldorfer PKK-Prozeß eine entscheidende Rolle.

Im Düsseldorfer Prozeß wurde nur zweien die Täterschaft oder Teilnahme an Kapitalverbrechen vorgeworfen - alle 19 Angeklagten hingegen mußten sich wegen "Mitgliedschaft in einer terroristischen Vereinigung" (nämlich des Komitees "Nachrichten, Kontrolle, Parteisicherheit") verantworten. Hinzu kamen Delikte wie Freiheitsberaubung und Urkundenfälschung. Den Nachweis der terroristischen Vereinigung wollte die Bundesanwaltschaft vor allem über die Existenz und Tätigkeit des Komitees "Parteisicherheit..." erbringen. Die Aussagen der beiden Kronzeugen erwiesen sich - zumindest im Falle Nurset Altans - als geradezu abenteuerlich, so daß die Bundesanwaltschaft ihren Zeugen schließlich zurückzog. Als die Anklage teilweise zusammenbrach, präsentierte die Bundesanwaltschaft einen weiteren Kronzeugen: jenen besagten Ali Cetiner. Mit dem ehemaligen Europavertreter der ERNK hatte die Anklage plötzlich wieder einen hochkarätigen Kronzeugen. Weil Cetiner nach eigenen Aussagen an den Fememorden selbst beteiligt war (als Kronzeuge erhielt er fünf Jahre Haft statt lebenslänglich), belastete er die vier verbliebenen Angeklagten so stark, daß es zu ihrer Verurteilung reichte (die anderen 15 Angeklagten waren nach und nach aus der Haft entlassen worden).

Abdullah Öcalan beschuldigte Cetiner als Urheber der Feme-morde: "Das ist doch der Hauptschuldige. Wenn eine Straftat begangen worden ist, dann ist sie während seiner Zeit [als Europavertreter, der Verf.] verübt worden. Sie ist mit seiner Zustimmung und seiner Direktive verübt worden".

Zusammengebrochen war trotz Cetiner allerdings der Anklagepunkt, die PKK würde in Europa "Volksgerichte" nach dem Vorbild im Libanon abhalten. Nicht mehr aufrechterhalten ließ sich auch der ursprüngliche Anklagepunkt, das Komitee "Sicherheit... " unterstünde dem direkten Befehl Abdullah Öcalans. Cetiner hatte zunächst die Existenz der Organisation für Bestrafungsaktionen bestätigt. Später relativierte er seine Aussage: In der Praxis seien Bestrafungen abtrünniger Parteimit-glieder nicht an die Zuständigkeit irgendeiner parteiinternen Gruppe gebunden gewesen. Aufgrund dieser Aussage platzte der Pauschalvorwurf, die 19 Angeklagten wären Mitglieder einer terroristischen Vereinigung - die Bundesanwaltschaft mußte jedem Einzelnen eine konkrete Tat nachweisen.

Die Aussagen einiger der Angeklagten, Cetiner sei, wie sich 1987 herausgestellt hätte, in Wahrheit ein in die PKK eingeschleu-ster Agent gewesen, erschienen durchaus plausibel. Eine dubiose Rolle hatte Cetiner schon vor seinem Auftritt in Düsseldorf gespielt: der schwedische Geheimdienst SÄPO hatte ihn 1988 angeheuert, um PKK-Leute auffliegen zu lassen. Vor allem aber sollte mit Cetiners Hilfe die "Palme-Mord-Spur" wieder aufgewärmt werden. SÄPO-Agenten hatten sich vergeblich bemüht, die Ermordung des schwedischen Ministerpräsidenten Olaf Palme 1986 der PKK in die Schuhe zu schieben. Der Versuch mißlang kläglich und zwang die schwedische Justiz-ministerin zum Rücktritt.

Nahrung erhielten die Behauptungen von einem Komplott auch durch zwei weitere Gewalttaten, die der PKK angelastet wurden. In Hamburg war 1986 ein Kurde namens Faruk Bozkurt wegen eines angeblich geplanten Sprengstoffanschlages auf das türkische Konsulat verhaftet worden. Die Verhaftung ging auf einen anonymen Brief zurück, der sich als zunehmend mysteriös erwies. Die Anschuldigungen ließen sich nicht aufrechterhalten - Bozkurt wurde freigelassen. Die Ermittlungsbehörden hatten vielmehr den Verdacht, daß die PKK vom türkischen Geheimdienst bewußt denunziert werden sollte. Als Haltlos erwiesen sich auch Verdächtigungen, die ERNK sei für die Ermordung des deutschen Konsulatsbeamten Siegfried Wielspütz im Januar 1988 in Paris verantwortlich.

Wenngleich die Beispiele für Fememorde der PKK nicht von der Hand zu weisen sind, ließ der Düsseldorfer Prozeß viele Fragen offen. Als problematisch erwies sich insbesondere der Versuch, die PKK insgesamt als teroristische Vereinigung darzustellen. Hans-Eberhard Schultz, der Rechtswanwalt von Ali Hayder Kaytan, stellte nach Abschluß des Vefahrens fest:

In der Berichterstattung über das Urteil des Mammutverfahrens wurde Wesentliches unter den Teppich gekehrt:

- *Nicht nur der Freispruch eines der Angeklagten von der Mordanklage und die Zurückweisung des Vorwurfs der Rädelsführerschaft in der angeblichen "terroristischen Vereinigung" bei zwei Angeklagten, sondern auch*

- *die Einstellung des Verfahrens in der sogenannten "Libanon-Anklage",*

- *die personelle und zeitliche Begrenzung der angeblichen "terroristischen Vereinigung", wonach nicht mehr die gesamte PKK-Führung, sondern nur ein Teil der Europaorganisation zu der angeblichen "terroristischen Vereinigung" gehören soll, und deren Existenz vor allem nur bis zum Oktober 1987 festgestellt wurde.*

Damit ist das Szenario, das der Inhaftierung von mehr als 20 Kurd/ Innen und der Anklageschrift aus dem Jahre 1988 zugrunde lag, endgültig zusammengebrochen. Waren doch Ausgangspunkt hierfür die Angaben zweier Hauptbelastungszeugen im Februar 1988, die behauptet hatten, soeben mit knapper Not dem Todesurteil durch die PKK im Rahmen eines "Volksgerichts" entkommen zu sein.

Die Verteidigung stellt hierzu fest:
Der Versuch der Bundesanwaltschaft, die nationale Befreiungsbewegung PKK in einem Mammutschauprozeß über den Paragraphen 129a als "Terroristen" zu kriminalisieren, ist gescheitert.

Als "Beweis" für die mittlerweile völlig unverfrorenen vom Bundes-minister des Innern in seiner Vebotsverfügung gegen 35 kurdische Organisationen und der von der Bundesanwaltschaft im Einklang mit dem türkischen Regime betriebene Abstempelung der gesamten PKK als "terroristisch" kann das Urteil gerade nicht dienen.

Die Berichterstattung in den Medien erweckt demgegenüber den Ein-druck, als habe das Gericht den "Terrorismus der PKK-Führung" verurteilt und wird so zum Wasser auf die Mühlen des umstrittenen Verbots kurdischer Vereinigungen durch Bundesinnenminister Kanther und vor allem des offiziell erklärten "Vernichtungskrieges" der türki-schen Militärführung gegen die PKK und ihre Unterstützer.

Die Einstellung der "Libanon-Anklage" hat der Senat ausschließlich auf die vom libanesischen Generalstaatsanwalt mit Schreiben vom 20.12.1993 bescheinigte Anwendbarkeit des Amnestiegesetzes aus dem Jahre 1991 gestützt. Ohne dieses der Verteidigung im letzten Moment übermittelte Dokument hätte der Staatsschutzsenat keinerlei Skrupel gehabt, im Wege der "stellvertretenden Strafrechtspflege" auch für angebliche Taten von Kurden an Kurden in einem Milizcamp im Libanon tätig zu werden und damit erstmals seit Bestehen der BRD sich in dieser Art und Weise in innere Angelegenheiten anderer Staaten und Völker einzumischen. Dies obwohl keine der gesetzlichen Voraus-setzungen für die Anwendbarkeit deutschen Strafrechts (nach Para-graph 7 Abs. 2 Nr. 2 StGB) jemals in diesem Verfahren vorlagen und ernsthaft geprüft wurden. Und dies, obwohl der Senat seinerseits keinen ernsthaften Versuch unternommen hatte, von den libanesischen

Justizorganen selbst Auskünfte einzuholen und der Verteidigung jede Hilfe bei der dann von ihr allein betriebenen Aufklärung verweigerte.

Dennoch ist festzuhalten, daß im Ergebnis der Versuch der Bundesanwaltschaft, in diesem Verfahren erstmals eine gerichtliche Absegnung einer Weltpolizistenrolle der deutschen Justiz zu erhalten, fehlgeschlagen ist.

Und auch im Sinne einer Ausweitung der Rechtssprechung zur terroristischen Vereinigung auf Auslands- und Massenorganisationen ist die Bundesanwaltschaft nicht sehr viel weiter gekommen, auch wenn die jetzt vom 5. Strafsenat des OLG Düsseldorf kreierte Konstruktion einer zeitlich begrenzten kleinen "terroristischen Vereinigung" innerhalb der PKK in der BRD in ihrem rechtspolitischen Folgen schlimm genug ist.

Die PKK heute: Standort und Ziele
Ein Interview mit Yilmaz Kani[*]

G. Stein:
Seit 2 Jahren versuchen Sie, ihre politische Operationsbasis auch in Europa zu verbreiten. Welche Rolle spielt Europa und welche Rolle spielt die Bundesrepublik Deutschland für den Befreiungskampf der PKK?

Y. Kani:
Der mittlere Osten ist ein strategisches Gebiet. Kurdistan befindet sich im Zentrum, ist Mittelpunkt des mittleren Ostens. Hier stoßen sehr viele Interessen aufeinander. In Europa sind viele Kurden, die nationale Befreiungsfront Kurdistans, die ERNK, genießt eine hohe Sympathie unter ihnen, sie beeinflußt ca. 80 Prozent der europäischen Kurden. So kommt der Kampf auch hier in Europa zum Ausdruck.

Wir wissen, daß eine Organisation, die im Mittleren Osten keine Kraft hat, auch hier nichts zu sagen hat. Je stärker wir dort werden, desto lauter wird auch unsere Stimme hier in Europa. Europa ist sehr interessiert an diesem Gebiet und versucht auch jetzt, politische Richtungen zu bestimmen bzw. auch politisch aktiv tätig zu sein. Der Einfluß Europas auf die Türkei und auf den nationalen Befreiungskampf Kurdistans in Kurdistan ist sehr groß. Die Türkei ist ein Land, das mit Europa verbunden ist, vor allem mit Deutschland. Die Annäherung

---

* Yilmaz Kani ist Europasprecher der ERNK und engster Mitarbeiter von PKK-Führer Abdullah Öcalan. Das Interview wurde im April 1994 geführt.

145

Europas, die positive oder negative Annäherung Europas, beeinflußt auch die Entwicklung in Kurdistan. Vor allem der Einfluß Deutschlands ist sehr groß.

Denn Deutschland ist das größte Land, das der Türkei wirtschaftlich und militärisch am meisten hilft. Wechselseitig ist das Interesse Deutschlands an der Türkei sehr groß. Dies ist auch der Grund, warum die Kurdenfrage jetzt auch nach Deutschland übergeschwappt ist. Aber ich denke, die Türkei wird für Deutschland mehr und mehr zum Ballast. Die Frage, wie lange sie noch dieses Gewicht, diesen Ballast tragen wird und wie lange sie zu einem Vernichtungskrieg gegen ein Volk schweigt und stumm bleibt, wird sich stellen.

G. Stein:
Sie haben die Aufmerksamkeit der Öffentlichkeit auf dieses Problem in erster Linie erweckt durch mehrere Anschlagswellen auf türkische Einrichtungen, europaweit koordinierte Anschlagswellen auf türkische Einrichtungen. Wie würden Sie diese Taktik bezeichnen, wollen sie damit diesen Krieg nach Europa verlagern? Oder war das ein taktisches Mittel, um das Interesse der Öffentlichkeit zu wecken?

Y. Kani:
Es ist richtig, daß 1993 die Reaktion der kurdischen Bevölkerung gegen diesen Krieg auch hier in Europa zum Ausdruck gekommen ist. Es ist auch richtig, daß wir als Organisation diese Aktionen/Reaktionen unterstützt und begrüßt haben. Die Situation der Aktion zu Newroz [21.März 1994, Anm. d. Verf.] ist allerdings etwas anders. Wir haben in ganz Europa die Newroz-Feierlichkeiten. In keinem anderen europäischen Land hat das irgendwelche Konflikte gegeben, nur in Deutschland. Dieses Thema ist sehr wichtig und muß in den Vordergrund gestellt werden. Ich möchte die Aufmerksamkeit auf folgenden Punkt ziehen:

Es sind Newroz-Feierlichkeiten durchgeführt worden, es haben Protestaktionen stattgefunden. Bei diesen Aktionen gab es keine Konflikte. Unverständlich ist, daß in Deutschland genau diese Veranstaltungen verboten wurden und die Polizei gegen friedlich protestierende Demonstranten eingegriffen und angegriffen hat, sogar Kinder und Frauen. Erst daraufhin hat es Reaktionen gegeben auf diese Vorgehensweise der deutschen Regierung und der deutschen Behörden. Es ist richtig, daß wir das Interesse auf Europa ziehen wollen, aber es ist nicht richtig, daß wir den Krieg nach Europa tragen wollen. Wenn wir die Fragen in Zusammenhang mit Deutschland bringen, dann wollen wir weder irgendwelche Rechte in Deutschland verletzen noch die Öffentlichkeit.

Aber man muß auch sehen, daß Deutschland bis zum Hals in diesem Krieg drinsteckt. Fotos haben gezeigt, daß Menschen, die hinter Panzern hergeschleift wurden, an deutschen Panzern angebunden waren. Ein zwölfjähriges Kind namens Barsani wurde in Gaisantep ermordet und von einem deutschen Panzer überfahren. Es gab auch deutsche Waffen bei der Zerstörung von Lice. Es gibt darüber sehr viele Dokumente, Filme, Fotos und auch Delegationen und Beobachter, die zu dem Zeitpunkt dort unten gewesen sind.

Ein Volk will seine Identität, wird aber von diesen Waffen daran gehindert, sein legitimes Recht zu fordern. Das Verbot gegen eine solche Forderung ist unverständlich und kann nicht akzeptiert werden. Die Aktionen haben gezeigt, daß das Verbot unsinnig ist. Deshalb wird in diesen Tagen von unserem Generalsekretär ein Brief an die deutsche Öffentlichkeit gehen, indem noch einmal zum Ausdruck gebracht werden wird, daß man nicht vorgehabt hat, gegen Recht zu verstoßen oder gewalttätig zu werden, sondern daß man durch friedliche Protestaktionen etwas zum Ausdruck bringen wollte.

G. Stein:
Werden sie, solange Deutschland Waffen liefert, Militärhilfe leistet, d.h. die Türkei aktiv unterstützt, weiter Anschläge gegen türkische Einrichtungen verüben, oder werden sie möglicherweise Anschläge gegen deutsche Einrichtungen verüben?

Y. Kani:
Ich möchte noch einmal unterstreichen und betonen, daß wir keine Konflikte mit der deutschen Regierung haben wollen. Weder heute noch in der Zukunft. Aber ein Innenminister, der sagt: Das kurdische Volk solle sich von der PKK distanzieren und nicht Mitglied der PKK sein, das können wir nicht akzeptieren. Das kann niemand auf dieser Welt akzeptieren. Ich vergleiche ihn mit dem türkischen Innenminister. Es heißt ganz klar, daß die deutsche Regierung Partei ergreift. Wenn man Partei ergreift, heißt das automatisch, man ist auf der Gegenseite. Wir wollen keine Einseitigkeit sondern den Einsatz als Vermittler in unserem Konflikt. Die deutsche Regierung repräsentiert ein großes, einflußreiches Land und könnte zu einer politischen Lösung der Kurdenfrage sicherlich gut beitragen.

G. Stein:
Aber solange diese Regierung, speziell der deutsche Innenminister von dieser Komplizenhaltung mit der Türkei nicht abweicht. Was hat das für Konsequenzen?

Y. Kani:
Ich glaube nicht, daß das die deutsche Öffentlichkeit akzeptieren wird. Ich weiß, daß die deutsche Regierung sehr erfahren ist. Ich glaube auch nicht, daß die deutsche Regierung die Feindschaft des kurdischen Volkes auf sich ziehen will. Solche Haltung kann keine politische Haltung sein. Ich glaube nicht, daß es zu solch einer Haltung kommt.

G. Stein:
Aber nehmen wir einmal an, daß von seiten einiger Innenminister der Länder Kurden abgeschoben werden. Es ist ja damit möglicherweise zu rechnen und bedeutet eine weitere Parteinahme für die Türkei. Ich nehme an, daß dann die PKK darauf reagieren wird.

Y. Kani:
Solch eine Vorgehensweise wäre eine Schuld an der Menschheit. Der türkische Staat ist ein Staat der sogar DEP-Mitglieder, Mitglieder einer demokratischen Partei ermordet. Jeden Tag werden Journalisten ermordet und verschleppt. Wenn sie abgeschoben werden, weiß man nicht was mit ihnen passieren wird. Ich weiß nicht, wie die Reaktionen sein werden, aber die Reaktionen des kurdischen Volkes werden groß sein.

G. Stein:
In dem Zusammenhang noch eine Frage: Abdullah Öcalan hat Deutschland, wenn ich das richtig zitiere, als Kriegsgegner Nr. 2 bezeichnet, einen Kriegsgegner bekämpft man normalerweise.

Y. Kani:
Der Vorsitzende der Partei hat grundsätzlich nicht die Position, daß man gleich ein Land abstempeln sollte, also mit solchen Ausdrücken wie "Kriegsgegner Nr. 2" muß sehr vorsichtig umgegangen werden.

Was lediglich zum Ausdruck gebracht werden soll ist, daß Deutschland eine wichtige Rolle in diesem Krieg spielt, jedoch ganz klar Partei ergreift und voll in diesem Krieg mit drinsteckt.

Unser Vorsitzender hat sehr viele Aufrufe gemacht, daß diese deutsche Unterstützung gegen die legitime Forderung eines Volkes eingesetzt wird und zurückgezogen werden sollte.

Es wird in diesen Tagen eine freundschaftliche Botschaft ver-
kündet werden, die diese Dinge nochmal beschreiben wird.

G. Stein:
Die PKK sagt, Touristen sollen nicht in die Türkei reisen. Es
hat jetzt in Istanbul Anschläge gegeben, zu denen sich die PKK
bekannt hat, müssen deutsche Touristen damit rechnen, Opfer
weiterer Anschläge auf touristische Einrichtungen zu werden?

Y. Kani:
Die Tourismussache ist für uns sehr wichtig, wir möchten das
auch hervorheben. Hier wird niemand gezwungen - den Urlaubs-
ort sucht man sich freiwillig aus. Wir sehen, daß hier Menschenleben auf dem Spiel stehen. Das Geld, was über den Tourismus
eingebracht wird, dient der Finanzierung von Waffen oder
Munition. Man sollte sich das gut überlegen! Wir versuchen seit
zwei Jahren, auf diesen Mechanismus aufmerksam zu machen.
Wir verteilen Handzettel, Plakate und stellen Transparente vor.
Wenn Menschen trotz allem dort hinfahren, dann sind wir nicht
die Verantwortlichen. Wir führen einen Krieg gegen den türkischen Staat. Der türkische Staat gewinnt im Jahr hunderte von
Millionen durch die Tourismusbranche und setzt diese Einnah-
men im Krieg gegen uns ein. Wir wollen nicht, daß den
Touristen etwas passiert, aber wir wollen nicht, daß sie jetzt in
der Türkei Urlaub machen. Aber ich denke, wir haben unser
Ziel erreicht. Der Tourismus ist um 70 - 80 Prozent gesunken.
Warum reisen die Touristen heute nicht nach Bosnien?

Wir möchten, daß die Menschen nach Kurdistan, auch in
unser Land kommen - wenn Frieden ist! Wir wollen nicht, daß
Menschen zu Schaden kommen, wir haben kein Interesse daran. In diesem Zusammenhang gab unser Generalsekretär eine
Erklärung ab, die im "Özgür" erschien. Dänemark hat daraufhin
seine Bevölkerung aufgerufen, nicht in die Türkei zu reisen.
Andere Länder wiederum wurden dazu aufgefordert. Wir sind

nicht gegen Tourismus, wir sind auch nicht dagegen, daß Touristen dort hinreisen - wir wollen, daß sie jetzt nicht reisen.

Aber man darf uns nicht mit Konservativen bzw. mit Fundamentalisten vergleichen, die grundsätzlich gegen Touristen sind, diesen Vergleich darf man nicht machen. Wir sagen lediglich, daß durch die Einnahmen aus dem Tourismusbereich der Krieg mit uns finanziert und geführt wird und keiner deshalb mitverantwortlich an diesem Krieg sein sollte.

G. Stein:
Sie sagten, die Zahlen sprechen dafür, daß sie ihr Ziel erreicht haben, heißt das, daß nicht mehr mit weiteren Anschlägen zu rechnen ist?

Y. Kani:
Wenn die Zahl so hoch ist, dann braucht man die Aktionen auch nicht. Unser Ziel ist nicht, Menschen zu schaden, sondern, daß diese Einnahmequelle abtrocknet.

G. Stein:
Können sie mir sagen, wie die Partei ERNK in Europa und speziell in der Bundesrepublik organisiert ist?

Y. Kani:
Wir haben zu ca. 300.000 Kurden in Deutschland Beziehungen. In diesem Jahr haben allein 245.000 Kurden regelmäßig gespendet und uns unterstützt. Alle Aktivitäten werden unter Kurden durchgeführt. Es gibt Behauptungen, die sagen, daß wir Leute dazu zwingen, zu Demonstrationen oder zu politischen Veranstaltungen zu gehen. In Frankfurt gab es ein Festival mit 120.000 Menschen, ich war auch dort, was bedeuten würde, daß ich 120.000 Menschen gezwungen habe, mit Autos und Flugzeugen dort hin zu kommen!

G. Stein:
Aber Sie kommen ohne ihre Kaderstrukturen nicht zurecht.
Wozu brauchen Sie diese strenge Kaderstruktur?

Y. Kani:
Diese Struktur ist für die Bevölkerung sowie für uns sehr
wichtig.

G. Stein:
Die deutschen Verfassungsschutz- und Sicherheitsbehörden
beschäftigen sich mit der Höhe des Spendenaufkommens. Wenn
Sie sagen, 245.000 Kurden haben dieses Jahr gespendet.
Was macht das für einen ungefähren Gesamtbetrag aus und
welcher Anteil ihres Kampfes wird damit finanziert?

Y. Kani:
1993 haben in Europa 374.740 Menschen Spenden geleistet und
in Deutschland allein 245.000 Menschen. Wie hoch die gelei-
stete Summe ist, das sage ich nicht.

G. Stein:
Schätzungen gehen von ungefähr 20 Millionen im Jahr aus.

Y. Kani:
Viel mehr.

G. Stein:
Eine wesentliche Lehre, die "Öcalan" aus der Geschichte der
Kurden gezogen hat war, daß die kurdische Bevölkerung ihren
Freiheitskampf ohne Abhängigkeit von Außen zu führen hat.
Können Sie heute sagen, daß Sie in der Lage sind, ihren
Befreiungskampf selbständig zu finanzieren und zu gestalten,
oder gibt es Abhängigkeiten daraus?

Y. Kani:
Ich kann mit Sicherheit sagen, daß wir von keinem Land Unterstützung bekommen, allerdings unterstützen uns Kurden aus der ganzen Welt.

G. Stein:
Sie haben 1992 in Europa ein National- bzw. Exilparlament wählen lassen. Was macht dieses Parlament heute?

Y. Kani:
80 Prozent dieses Parlaments sind jetzt in Kurdistan. Die Vertreter arbeiten auf regionaler Ebene Aktivitäten durch, um regionale Parlamente vorzubereiten und zu gründen. Ein Großteil lebt in Kurdistan.

G. Stein:
Wieviel Abgeordnete sind es?

Y. Kani:
Derzeit sind dort etwa 100 Menschen aktiv. Es gibt noch keine veröffentlichten Zahlen.

G. Stein:
Wieweit haben Sie Erkenntnisse, daß der türkische Geheimdienst verstärkt in Europa gegen die PKK aktiv wird?

Y. Kani:
Ich kann mit Sicherheit sagen, daß in allen Konsulaten und in der Botschaft türkische Geheimdienstler arbeiten. Die letzte Focus-Ausgabe [13/1994, d. Verf.] veröffentlichte, daß in Köln 30 Mitangehörige oder sogar Führer sind. In Dänemark haben sie einen Kurden verletzt, auf Zypern einen Freund, Theofilus, ermordet. Sogar der türkische Außenminister hat öffentlich zugegeben, daß hunderte Angehörige des türkischen Geheim-

dienstes in Europa tätig sind. und Aktionen durchführen. Warum werden diese Mitarbeiter des Geheimdienstes nicht als terroristisch bezeichnet? Wir wollen Freundschaft und Verständnis. Unser Volk wird unterdrückt, wir werden ständig Repressalien ausgesetzt.

G. Stein:
Herr Yilmaz, der türkische Generalstabschef Güres hat für Mai, spätestens Juni eine neue Generaloffensive in Kurdistan angekündigt. Er hat angekündigt, mit dieser Offensive die PKK zu zerschlagen. Wie beurteilen Sie die Situation, in welcher Verfassung befindet sich die PKK in den Kampfgebieten?

Y. Kani:
Wir führen einen Befreiungskampf, der sich auf das kurdische Volk stützt, wir schöpfen unsere ganze Kraft daraus. Seit dem Beginn unseres Kampfes haben wir für ein Volk gekämpft dessen Identität verleugnet wurde. Wir haben unter sehr schweren Bedingungen und gegen einen starken Gegner gekämpft. Ein Gegner, der vom Westen, d.h. von Europa und von der NATO unterstützt wird.

Seit dem Beginn unseres Kampfes hat der türkische Staat immer wieder gesagt, man wolle dieses Problem innerhalb von 24 Stunden - und dann innerhalb von paar Monaten lösen - mit Gewalt lösen. Es sind bereits Jahre daraus geworden. Wir haben trotzdem den Kampf entwickelt, haben die Guerillazahl erhöht, haben den Kampf auf weite Flächen Kurdistans verteilt und ihn zu dieser Dimension gebracht. Ende 1993 hat Ministerpräsidentin Tansu Ciller erklärt, sie wolle bis Frühjahr 1994 die Kurdenfrage mit Gewalt militärisch lösen. Jetzt ist es bereits Ende April. Als T. Ciller die Erklärung abgegeben hatte, betrug die Anzahl der Guerilla-Kämpfer 22.000. Jetzt - Ende April - sind es bereits 30.000. Die Türkei hat zu ihren Militärkräften weitere 150.000 neue Soldaten dazugeholt und nach Kurdistan verlegt. Das Kurdenproblem ist jedoch immer noch nicht gelöst.

Sie wollen dieses Jahr mit aller Kraft irgendwelche Ergebnisse erreichen. Sie setzten vor allem auf militärische Lösungen - auf Gewaltlösungen. Bei der letzten Offensive gegen Kurdistan haben sie 50.000 Soldaten bei der Operation eingesetzt. Sie griffen Gabar und Botar an und starteten aus Malatja und Diyarbakir Flugzeuge, um diesen Krieg zu führen. Bei der letzten Offensive wollten sie sogar bis zum Sommer bleiben. In diesen Tagen entwickelten sie die Praxis, Dörfer weiterhin zu zerstören - völlig zu zerstören, ganze Städte zu bombardieren, zu belagern und zu besetzen, um diese harte Politik durchzusetzen. Die Erklärung von Generalstabchef Güres, diesen Krieg bis Mai mit all ihrer Kraft durchzuführen ist richtig, aber die Erklärung, sie würden bis dahin das Problem beenden und uns eliminieren - das ist nicht richtig - das kann nicht richtig sein.

G. Stein:
Trotzdem verlieren sie jeden Tag mitunter Dutzende von Guerilla-kämpfern. Sie sprechen derzeit von 30.000 Guerillas. - Sind Sie in der Lage, diese Verluste personell immer wieder auszugleichen bzw. sind Sie in der Lage diese Zahl logistisch noch zu erhöhen?

Y. Kani:
Wir haben dieses Problem nicht. Zum einen wird die Zahl der Verluste durch die Medien sehr hoch angegeben, zum anderen wird dieser Krieg weitflächig geführt auf weiträumige Gebiete verteilt. Es ist ein Guerillakrieg, d.h. es ist kein Frontalkrieg, indem viele Verluste zustande kommen können. Zum anderen suchen wir unsere Krieger sehr vorsichtig aus, wir schicken nicht jeden in den Krieg. Es gibt sehr viele - Tausende von Kurden in den Metropolen, in Kurdistan und auch in Europa, die in den Krieg gehen möchten, aber wir suchen sehr vorsich-

155

tig aus. Wir achten sehr darauf, daß auch eine Basis für diesen Guerillakrieg aufgebaut wird. Zuletzt haben sich zwei Menschen selbst verbrannt, eben als Aufopferung, als Protest gegen diese Repressionen. Das zeigt die Verbundenheit und das Interesse der kurdischen Bevölkerung. Dieser Vorfall machte es nochmal ganz deutlich.

G. Stein:

Die türkische Regierung spricht davon, in diesem Jahr den Endkampf zu führen, ich habe ähnliche Äußerungen auch verschiedentlich von Kurden gehört. Ist die Situation tatsächlich so, daß dieses Jahr eine militärische - oder nach den militärischen Auseinandersetzungen eine politische Lösung bringen könnte? Oder wird sich der Konflikt über einen sehr viel längeren Zeitraum erstrecken?

Y. Kani:

Die Türkei, der türkische Staat, sieht tatsächlich diesen Kampf als einen Endkampf. Man sieht heute, daß die Türkei politisch, und auch wirtschaftlich bald in den Abgrund stürzt. Die jetzige Wirtschaftskrise ist die schwierigste türkische Wirtschaftskrise des letzten halben Jahrhunderts. Der Grund für diese Krise ist der Krieg in Kurdistan. Es ist sicher, daß die Regierung auch nach dem Krieg keine positiven Ergebnisse erzielen wird. Ob sie nach diesem Krieg bereit dazu ist, auf eine politische Lösung einzugehen wissen wir nicht, jeder weiß, daß in der Türkei das Militär herrscht. Das Militär hat die Autorität - nicht die zivilen Kräfte. Aber von der kurdischen Seite aus gibt es einen Vorschlag, gibt es die Bereitschaft zum Dialog - zu einer politischen Lösung. Unser Generalsekretär hat dazu mehrmals Erklärungen abgegeben und seine Bereitschaft bekundet. Die türkische Regierung versucht, das Problem mit Gewalt zu lösen, sie sucht im Militär die Lösung. Die Stimmen für eine politische Lösung werden unterdrückt - und zum Verstummen gebracht.

156

G. Stein:
Wie könnte eine politische Lösung aussehen? Ich nehme an, daß
ein direktes Gespräch zwischen der türkischen Regierung und
Vertretern der PKK nicht der Weg sein wird, d.h. wer käme
eventuell als Vermittler in Frage, und wie sieht eine akzeptable
politische Lösung bei Ihnen aus?

Y. Kani:
Es gibt ein konkretes Lösungspaket, das von unserem Generalsekretär, Abdullah Öcalan, auf der internationalen Kurdistankon-
ferenz in Brüssel bekannt gegeben wurde. Dieses Lösungspaket
beinhaltet Vorschläge zur friedlichen Lösung. Hier wird noch
einmal konkret zum Ausdruck gebracht, daß man zu einer
politischen Lösung der Kurdenfrage auf gleichberechtigter Basis bereit ist. Das kurdische und das türkische Volk können das
Problem zusammen lösen. Eine gemeinsame Lösung wird an-
gestrebt. Dagegen versucht die türkische Regierung und der
türkische Staat, die Propaganda zu verbreiten, man wolle einen
separaten Staat! Das ist nicht richtig. Dies ist eine türkische
Antipropaganda. In dem kurdischen Lösungspaket wird deutlich, daß man sich für eine politische Lösung innerhalb der
Grenzen einsetzen will.

Auf die Frage, wer vermitteln könnte, kann ich nur auf die
europäischen Länder hinweisen. Sie unterhalten verschiedenste
Beziehungen zur Türkei. Wir haben bereits verschiedene Gespräche mit Vertretern der europäischen Länder geführt. Wenn
sich ein europäisches Land als Vermittler anbieten würde,
könnten wir dies nur unterstützen und begrüßen.

G. Stein:
Welche Rolle spielt Syrien? Die türkische Propaganda macht ja
unterschiedliche Angaben darüber, daß Syrien die PKK nicht
länger unterstützen würde, daß Damaskus als Basis nicht mehr
in Frage käme, auch das Ausbildungslager sei angeblich ge-

schlossen worden. Es gibt da unterschiedliche Angaben. Stimmt das, daß sich Syrien, Assad, von der PKK zurückzieht, ist das türkische Propaganda?

Y. Kani:

Wir führen unseren Befreiungskampf in Kurdistan, nicht in Syrien und 90 Prozent dieses Konfliktes wird hier [in Kurdistan, d. Verf.] ausgetragen. Der nationale Befreiungskampf kann also nicht abhängig gemacht werden von irgendeinem Land oder einer Person. Es ist richtig, daß wir in Syrien und im Libanon Camps hatten, aber die Unterstützung, die Syrien uns gewährt hat ist die gewesen, daß uns Syrien dort lediglich akzeptiert hat. Mehr Hilfe gab es nicht, die Unterstützung ging nicht weiter.

Die türkische Regierung verbreitet derzeit eine Gegenpropaganda. Es soll der Eindruck entstehen, als wäre die PKK abhängig vom Ausland oder von irgendwelchen Kräften. Das stimmt nicht.

G. Stein:

Bei den Komunalwahlen in der Türkei ist die fundamentalistische Partei sehr stark geworden. Es gibt Spekulationen darüber, daß die Türkei ein islamisierter, ein fundamentalistischer Staat wird. Wie sieht das die PKK: Werden die Fundamentalisten im Kampf gegen den türkischen Staat ein Bündnispartner oder ergibt sich daraus eine noch schwierigere Interessenslage für die PKK?

Y. Kani:

Die Kurden stellen im Mittleren Osten die demokratischste Bevölkerungsgruppe dar. Mit dem Militärputsch am 12. September 1980 sind die Fundamentalisten gegen uns organisiert worden. Es war eine echte Gegenorganisation. Alle Parteivorsitzenden, Karamash, Ciller, Yilmaz, usw. haben mit Koransprüchen Wahlpropadanda gemacht. In der Türkei entwickelt sich diese Strömung, aber in Kurdistan hat sie keine Basis. Es kann nur Konflikte mit Fundamentalisten geben, aber keine Zusammenarbeit.

Die Politik des türkischen Staates in diesem Zusammenhang ist scheinheilig. Auf der einen Seite haben sie diese Strömung unterstützt und auf der anderen Seite haben sie nun Angst. Aber die jetzige Regierung nützt das auch gegen den Westen aus. Sie sagt: "Wenn wir jetzt gehen - dann kommen die an die Regierung." Um diese Strömung zu stoppen, ist eine politische Lösung notwendig, nur unser Befreiungskampf kann diese Strömung behindern und stoppen.

G. Stein:
Um das noch einmal klarzustellen, glauben Sie, daß die türkische Regierung ganz bewußt die islamische Karte spielt, um die PKK zu schwächen?

Y. Kani:
Ich glaube daran, denn in der Türkei ist eine ideologische Leere da. Wir haben durch unsere Bewegung den Kemalismus beendet. Aber sie versuchten Chauvinismus und tief verwurzelte traditionell religiöse Gefühle auf den Beinen zu halten.

G. Stein:
Eine Frage noch zur Ideologie der PKK. Vor zehn Jahren war die PKK eine sehr streng leninistische, marxistisch orientierte Partei. Inwieweit haben sich diese Positionen im Laufe der Jahre nicht aufgelöst, aber doch etwas relativiert, haben mehr pragmatische Züge angenommen? Sind sie heute noch eine streng leninistische, marxistische Partei?

Y. Kani:
Niemand sollte uns in irgendwelche Schubladen oder Kategorien stecken. Wir sind natürlich eine "linke", eine sozialistische

Bewegung. Was unsere Ideologie ist - darauf können wir nur antworten: Wir kämpfen für das Selbstbestimmungsrecht, für die Freiheit eines Volkes. Man kann das für eine Ideologie halten, jedenfalls sind wir eine Bewegung, die für Legitimrechte eines Volkes kämpft. Unsere Aktivitäten in Europa beschränken sich auf die Organisation der Aktivitäten, der nationalen Befreiungsbewegung Kurdistans, sind somit Frontaktivitäten. Wenn der Eindruck erweckt wird, daß wir geheim oder konspirativ arbeiten, wird das von Europa falsch gesehen. Diese Auffassung teilen wir nicht. Zuletzt sind in Griechenland und Italien offizielle Büros eröffnet worden. und wir sind in ganz Europa verbreitet. Wir versuchen dies auch auf diplomatischen Weg. Ich habe diese Woche z.B. mit dem "House of Lords" in England und in Österreich ebenso über dieses Thema Gespräche geführt.

Ronahi und Berivan:
Beispiele zweier politischer Aktivistinnen

Am Nachmittag des 21. März 1994 machte ein Jogger auf der Moorinsel in Mannheim - einem Grünstreifen zwischen Main und Mainkanal - eine grausige Entdeckung: er fand zwei bis zur Unkenntlichkeit verbrannte Frauen. Eine der Frauen bewegte sich noch leicht und gab ein leises Stöhnen von sich. Sie starb zwei Tage später in der Ludwigshafener Unfallklinik.

Die beiden hatten sich in der menschenleeren Gegend selbst mit Benzin übergossen und angezündet - neben ihren Körpern wurde eine Tasche mit einem Abschiedsbrief gefunden:

"Der deutsche Staat hat besonders in den letzten Monaten seine Feindschaft gegenüber der kurdischen Bevölkerung ganz offen erklärt. Er ist sogar hingegangen und hat unsere Vereine, unsere traditionellen Farben (rot-gelb-grün) und Flaggen verboten und viel kurdische PatriotInnen verletzt und festgenommen bzw. verhaftet. Der deutsche Staat folgt damit dem türkischen Chauvinismus. Er unterstützt die Massakerpläne der Clique von Demirel, Çiller und Generalstabschef Güres: 'sie werden auf jeden Fall vernichtet werden' und er ist mitverantwortlich für den Krieg gegen das kurdische Volk. Die Massaker in Kurdistan werden mit deutschen Waffen geführt. Die letzten Aktionen der bundesdeutschen Polizei, die unter Hitler nicht schlimmer hätten sein können, gegenüber den TeilnehmerInnen der Newroz-Feierlichkeiten 1994 in der BRD, waren der Tropfen, der das Faß überlaufen ließ...

Besonders die Erklärung des Innenministers Manfred Kanther von gestern abend, 'ab jetzt wird unser Vorgehen gegenüber der

Bedriye Tas (21, genannt "Ronahi") und Nilgün Yildirim (27, genannt "Berivan") waren Kurdinnen, beide Mitglieder des "Patriotischen Frauenverbandes" YJWK. Ronahi gehörte zur Führungsgruppe der YJWK, hatte noch die Frauenkonferenz vom 5.-8. März 1994 in Köln mitorganisiert. Vermutlich hatten sie ihre Selbstverbrennung schon Wochen vorher geplant: niemand aus ihrer Umgebung - weder innerhalb des Frauenverbandes oder des Kulturvereines noch in der Familie hatte etwas geahnt. Ronahi und Berivan gelten seit ihrem Tod unter den Kurden als "Märtyrerinnen". Sie hatten sich ganz bewußt in die Tradition kurdischer Frauen gestellt, die sich vorher bereits geopfert und an einem 21. März - dem Tag des kurdischen Newroz-Festes verbrannt hatten: Zekiye Alkan 1991 in Kurdistan, Rashan Demirel 1992 in Izmir.

Seit der Selbsttötung von Ronahi und Berivan haben die kurdischen Kulturvereine verstärkten Zulauf, kommen noch mehr in Deutschland lebende Kurden zu Demonstrationen - das Verbot der Vereine vom 22. November 1993 durch Bundesinnenminister Kanther empfinden auch Kurden, die sich bisher nicht politisch engagiert haben, als Angriff und Diskriminierung, wie sie sie sonst nur von den türkischen Machthabern gewohnt sind. Für sie wird die jahrzehntelange ethnische Verfolgung der Kurden in der Türkei jetzt von der Bundesregierung fortgesetzt. "Auch wir sind bereit, uns zu verbrennen" - sagen viele, vor allem jüngere Kurden. Und sie sind auch bereit, Protest notfalls mit Gewalt zu äußern - die Autobahnblockaden und die versuchten Selbstverbrennungen vom März haben gezeigt, daß Verbote von Newroz-Feierlichkeiten oder Demonstrationen nicht

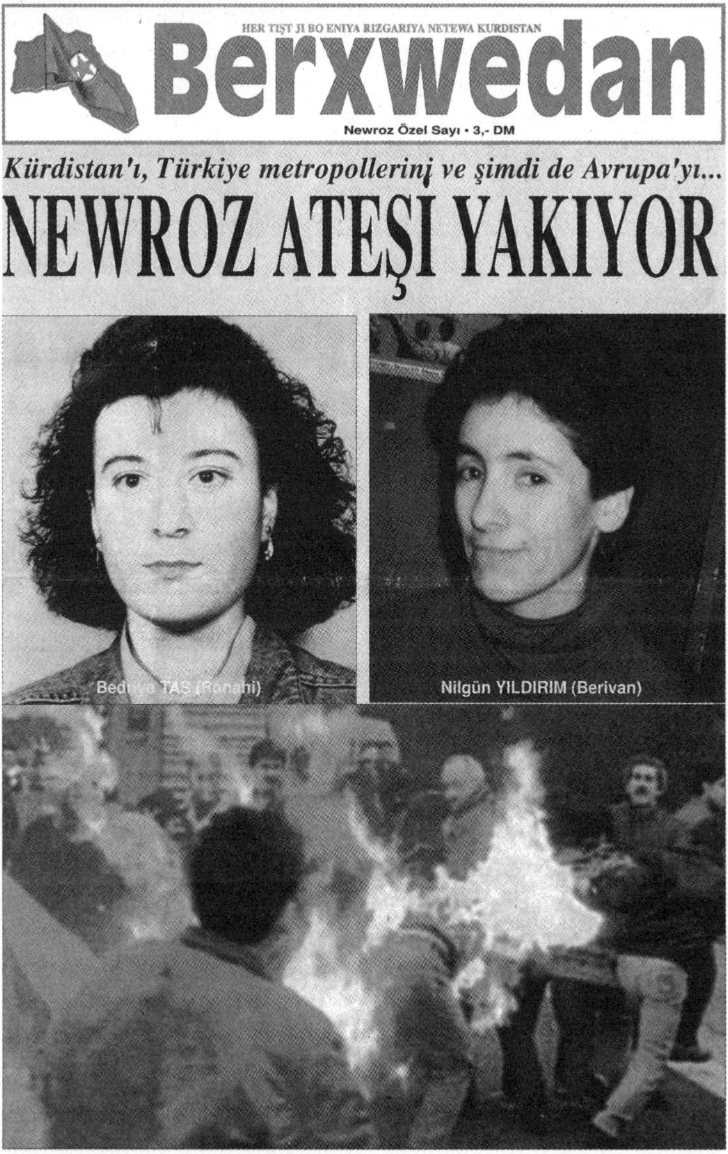
HER TIŞT JI BO ENIYA RIZGARIYA NETEWA KURDISTAN

Berxwedan

Newroz Özel Sayı • 3,- DM

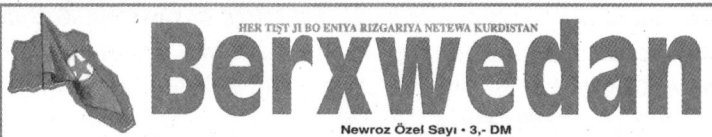

Kürdistan'ı, Türkiye metropollerini ve şimdi de Avrupa'yı...

NEWROZ ATEŞI YAKIYOR

Bedriye TAŞ (Ronahi)

Nilgün YILDIRIM (Berivan)

Sondernummer der ERNK-Zeitung Berxwedan - Ronahi und Berivan, kurdische "Märtyrerinnen"

mehr akzeptiert werden. Und jede weitere Eskalation der Kämpfe im Südosten der Türkei wird auch in Deutschland seinen Niederschlag finden - zumindest, solange die Bundesrepublik mit ihren Waffenlieferungen den Krieg in Kurdistan unterstützt.

Die Bilder von Ronahi und Berivan hängen in jedem kurdischen Kulturverein - nebenden Bildern anderer "Märtyrer": Guerillas, die im Kampf gegen die Türkei getötet wurden. Es gibt viele junge in Deutschland lebende Kurden, die zur Guerilla wollen - viel mehr, als die ERNK gebrauchen und versorgen könnte. Auch Ronahi hatte immer wieder davon gesprochen, nach Kurdistan zu gehen - aber die Partei hatte andere Aufgaben für sie.

Kurdistan kannte Ronahi eigentlich nur aus den Ferien. Sie war noch ein kleines Mädchen, als ihre Familie 1977 aus Marash in die Schweiz ging. An die Ereignisse, die ihre drei älteren Brüder erzählen, kann sie sich kaum mehr erinnern: an die Demütigung in der Schule, weil sie nicht türkisch sprachen, an die Verfolgung durch schießwütige "Graue Wölfe" vor dem Militärputsch, die nachts in die Häuser schossen, an die Scham der Eltern, für die jeder Behördengang zum Spießrutenlaufen wurde. In Basel wuchs Ronahi wie jedes andere Schweizer Mädchen auf, absolvierte die Mittelschule, dann eine Lehre als Friseuse - der übliche Werdegang eines Tennagers, die üblichen Interessen: Kleidung, Popmusik, mit 18 Jahren bereits ein eigenes Auto. Mit dem kurdischen Kulturverein haben Ronahi und ihre Familie kaum Kontakt - sie gehen ihre eigenen Wege, sind politisch uninterssiert. 1991 wird Ronahi krank - Hautkrebs. Nach einer Chemotherapie hat sie die Krankheit überwunden, nur ihr Denken hat sich verändert: Sie beginnt sich für die Geschichte ihres Volkes zu interessieren. Zu dieser Zeit besucht ein Verwandter aus Marash die Familie - er ist, wie sich herausstellt, aktiver Guerillakämpfer. Offensichtlich hat er Ronahi tief beeindruckt - sie beginnt, sich im Kulturverein zu engagieren, macht bei der kurdischen Folkloregruppe mit. Über den

Verein bekommt sie Kontakt zum "Patriotischen Frauenverband", wird politisch aktiv. Sie liest Bücher von Abdullah Öcalan, bricht nahezu jeden Kontakt zu Schweizer Freunden ab, gibt ihre Stelle als Friseuse auf. Sie sammelt Geld für die Partei, nimmt an politischen Schulungen teil: Schulungen über die kurdische Identität, über den Freiheitskampf, über die Rolle der Frau in der kurdischen Gesellschaft, Rhetorikkurse, Argumentationstraining. Nach einigen Monaten schickt sie die Partei erstmals nach Mannheim. Immer öfter pendelt sie zwischen Basel und Mannheim hin und her, erklärt das mit ihrem "Parteiauftrag" innerhalb der Mannheimer Frauengruppe. Ihr Hauptanliegen in dieser Zeit, erzählen andere Frauen, sei die Unterdrückung der kurdischen Frau gewesen: die Frauenfrage, die Aufhebung der partriarchalischen Stammesordnung in der kurdischen Gesellschaft spielt eine wichtige Rolle in der Ideologie der PKK. Ob Ronahi bereits Kader der PKK ist oder Kader-Anwärterin, erfährt niemand aus ihrer Umgebung - auch die Familie tappt im Dunkeln: sie weiß allerdings, daß Ronahi darauf brennt, zur Guerilla zu gehen.

Berivan, die Ronahi während einer Schulung kennengelernt hat, scheut dagegen den Guerillakrieg. Sie sieht ihre Aufgabe ausschließlich im politischen Engagement in Deutschland. Berivan hat eine nicht alltägliche Biographie. Ihre Eltern sind sogenante "assimilierte Kurden", sind in der türkischen Gesellschaft etabliert und wollen von der Kurdenfrage nichts wissen. Als der Vater ins Parlament gewählt wird, ziehen die Eltern nach Ankara. Berivan bleibt bei einem Onkel in Dersim. Als sie sich mit einigen Guerillakämpfern aus dem Ort anfreundet und sich für den Befreiungskampf interessiert, schlägt der Onkel Alarm: der Vater holt sie postwendend nach Ankara. In den Ferien - wenn sie sich in Dersim aufhält, hält Berivan Kontakt zur Guerilla. Ihre Brüder leben mittlerweile in Deutschland. Die Familie beschließt, Berivan zu ihrem Bruder nach Berlin zu holen und sie zu verheiraten: in der kurdischen Gesellschaft nichts unübliches. In Berlin führt sie zunächst das typische Leben einer kurdischen Hausfrau. Nach einigen Monaten bricht sie unvermittelt jeden Kontakt mit ihrer Familie ab, reist zu einer Freundin nach Frankfurt. Weil sie Kontakt zur PKK hat, wagt ihre Familie nicht, sie (wie in der kurdischen Gesellschaft üblich) mit Gewalt zurückzuholen. Auch Berivan durchlebt die typische Sozialisierung aktiver Kader bzw. Kader-Anwärter: sie engagiert sich in der Folkloregruppe, liest Bücher von Abdullah Öcalan. Sie hört sich die Vorträge aktiver Guerilla-kämpfer an, die durch Europa reisen, tritt der "Patriotischen Frauenunion" bei. Sie besucht politische Schulungen, die zunächst darauf ausgerichtet sind, das kurdische Bewußtsein, die eigene Identität, die Geschichte der Unterdrückung und die Notwendigkeit des Freiheitskampfes zu verstehen. Diese Bewußt-seinsschulung spielt innerhalb der Partei eine wesentlich größe-re Rolle als eine streng marxistisch-leninistische Erziehung.

Anders als Ronahi spricht Berivan kaum Deutsch, kann sich auch politisch nicht so artikulieren. Die Partei schickt sie des-halb in verschiedene andere Städte, um sich dort zu bewähren. Auch Berivan geht völlig in der politischen Arbeit auf, hat kein Privatleben, nicht einmal eine eigene Wohnung. Sie wohnt wechselweise bei anderen Kurden. Vermutlich bekommen bei-de einen - kargen - finanziellen Zuschuß der Partei (ein Freund von Ronahi erzählt von angeblich 300 Mark monatlich).

Am Vorabend des 21. März 1994 nehmen Ronahi und Berivan an einer Newroz-Kundgebung in Mannheim teil, Ronahi als Ordnerin. Am nächsten Morgen verlassen beide früh die Wohnung einer Freundin, bei der sie übernachtet haben. Ronahi telephoniert mittags noch mit ihren Brüdern und ihrer Mutter, ermahnt sie, sich mehr für die "kurdische Sache" einzusetzen. Tage vorher hat Berivan im Verein noch ihren Walkman ver-schenkt. Einer Freundin hat sie am Abend noch angedeutet, daß sie zum letzten Mal miteinander reden würden - die Freundin konnte sich darauf keinen Reim machen. Was dann an diesem

21. März im einzelnen geschah, weiß niemand. In ihrem Abschiedsbrief schreiben Bedriye Tas und Nilgün Yildirim: "Wir wissen und glauben, daß die Freiheitsflamme, die von uns genährt wurde, dazu beitragen wird, noch größere Feuer zu entzünden. Unsere Körper und unsere Gedanken schenken wir somit der ganzen kurdischen Bevölkerung und der Menschheit."

Deutschland, die Türkei und die Kurden

Deutsche Rüstungshilfe für die Türkei

März 1992: beim kurdischen Neujahrsfest in Cizre schießen türkische Spezialeinheiten auf friedliche Demonstranten. Im Einsatz: G-3 Gewehre deutscher Herkunft. Nach der Schießerei fahren Schützenpanzer des Typs BTR-60 durch die Straßen - Panzer aus ehemaligen NVA-Beständen, gut zu erkennen am weißen Leitkreuz der Bundeswehr. Die Bilanz des Blutbades: über 90 Tote, hunderte von Verletzten. Journalisten des Fernsehmagazins "Monitor" hatten die Szene gefilmt. Die Bundesregierung verfügt daraufhin einen Lieferstopp der Waffen, der nach drei Monaten wieder aufgehoben wird.

Auch bei der Zerstörung Sirnaks im August 1992 durch das türkische Militär kommen Waffen made in Germany zum Einsatz. Die Menschen berichten,daß die achträdigen BRT-60 Schützenpanzer auf Häuser, Geschäfte, auf "alles " geschossen hätten. Auch bei der Zerstörung Lices setzt die Armee deutsche Panzer ein.

Um die Welt gingen die Fotos vom 6.September 1992: der behinderte Kurde Mesut Dünder wird in der Nähe von Seyh Degirmenci von einem NVA-Panzer zu Tode geschleift. Als das Bundesverteidigungsministerium vom NATO-Partner Türkei Auskunft über den Vorfall verlangt, antwortet Ankara: Kurdische PKK-Partisanen hätten wiederholt Minen unter die Körper toter Kämpfer gelegt, um Soldaten bei der Bergung zu töten. Deswegen würden verdächtige Leichen erst einmal aus sicherem Abstand von der Fundstelle fortgezogen. - Eine Begründung, die nach Auskunft des Bundesverteidigungsministeriums "schwer zu widerlegen" sei. Daß Mesut Dünder sichtbar noch gelebt hat, als ihn die Soldaten trotz angeblicher

Minenangst beim Festbinden an den Panzer mehrfach drehten und bewegten, verschweigt das Ministerium. Für Verstöße gegen die Absprache, deutsche Waffen nur für NATO-Zwecke einzusetzen, gäbe es keine Beweise, teilte Verteidigungsminister Volker Rühe noch im Oktober 1992 mit.

Umstritten sind vor allem die Schützenpanzer BTR-60. Die Bundesrepublik hatte dem Bündnispartner nach der Auflösung der ehemaligen Nationalen Volksarmee der DDR 1300 Panzer dieses Typs geschenkt. Die Türkei behauptet, bei den im Kurdengebiet eingesetzten Panzern handele es sich nicht um die NVA-Panzer, sondern um die in der ehemaligen Sowjetunion gekaufte neuere Version des BTR-80. Aufnahmen von "Monitor" widerlegen diese Behauptung: denn die gefilmten Panzer waren mit zusätzlichen Außenspiegeln nachgerüstet worden - die Nachrüstung war aufgrund der Vorschriften der bundesdeutschen Straßenverkehrsordnung notwendig geworden. Charakteristisch für NVA-Panzer waren auch die - ebenfalls im Film festgehaltenen - Rücklichter. Außerdem war an den Panzern eindeutig die helle Bundeswehrmarkierung - das Leitkreuz - zu erkennen.

Die Türkei hatte darüberhinaus nur 50 Panzer des Typs BRT-60 in Moskau gekauft. Im Zusammenhang mit den Kommunalwahlen im März 1994 hielten sich ca. 300 Beobachter westeuropäischer Parteien und Organisationen im Südosten der Türkei auf, die wiederholt und an ganz verschiedenen Orten vom Einsatz der Panzer berichteten.

Aussagen der Fernsehjournalisten Michael Enger und Hans-Peter Weymer ("Monitor"), die schon früher über deutsche Waffen in Türkisch-Kurdistan berichteten und jetzt erneut detaillierte Beobachtungen machten:

Das Team unternahm am 18. und 19.3.1994 Fahrten in die nördlich von Diyarbakir gelegenen Regionen und stieß dabei an verschiedenen Stellen auf deutsche Schützenpanzer, die es ein-

*deutig als "BTR-60 PB" identifizeren konnte. Das dabei gedreh-
te Filmmaterial ist wenige Tage später von türkischen Soldaten
durch körperliche Gewaltanwendung geraubt worden, nachdem
man das Team verhaftet hatte. Es bleibt die Zeugenaussage, in
der das Team die Begegnungen protokolliert:*

- *8. März morgens, zwei "BTR-60" patroullieren auf der
  Strecke zwischen Maden und Diyarbakir;*

- *18. März morgens, im Ort Ergani: ein "BTR-60" auf dem
  Kasernenhof, ein weiterer auf der Straße vor der Kaserne;*

- *19. März nachmittags: zwei Schützenpanzer "BTR-60" stehen an der Strecke zwischen Bitlis und Tatvan;*

- *19. März, Ortseinfahrt nach Tatvan: ein "BTR-60" und zwei
  Panzer anderen Typs stehen bei einer Militärkontrolle am
  Ortseingang;*

- *19.3. abends, ca. 20 Uhr: zwei "BTR-60" fahren Patrouille
  vor dem Ort Silvan;*

- *23. März: Im Dorf Licok und einem angrenzenden Dorf
  berichten mehrere Augenzeugen dem Team vor der Kamera,
  daß zwei Tage zuvor türkischen Soldaten mit den achträdrigen
  Panzern in das Dorf einfielen und mehrere Häuser zerstörten. Das Team macht Aufnahmen der zerstörten Häuser, im
  zweiten Dorf steigt noch Rauch aus den Ruinen der Häuser.
  Auch dieses Filmmaterial wird später von türkischen Soldaten geraubt.*

- *Ein Bewohner aus einem Dorf bei Silvan berichtet dem Team
  in Diyarbakir, daß die Soldaten auch in sein Dorf mit
  achträdrigen "BTR-60"- Panzern kamen. Sie trieben die*

172

*Menschen zusammen, drei Männer des Dorfes haben sie
danach erschossen.*

Die Panzer sind nicht die einzigen Waffen, die das türkische
Militär im Kampf gegen die PKK und dabei auch gegen die
Zivilbevölkerung einsetzt. Überall in der Region - auf den
Straßen, bei Straßenkontrollen, in besetzten Dörfern und in den
Kasernen und Polizeistationen sind BTR-60-Schützenpanzer,
gepanzerte Kampffahrzeuge des Typs MTW M 113, Leopard-
1 Panzer, MAN-Truppentransporter und G-3 - Gewehre zu
sehen. "50 Prozent unserer Waffen", bestätigte ein türkischer
Oberleutnant aus dem Gebiet um Sirnak dem Verfasser, "kom-
men aus der Bundesrepublik".

Daß die Türkei deutsche Waffen einsetzt, geschieht zwangsläufig - denn seit über 30 Jahren wird der NATO-Partner mit
deutschen Rüstungsgütern ausstaffiert.

Seit 1964 erhielt die Türkei von der Bundesrepublik Militärhilfe im Wert von 4,3 Milliarden Mark: Starfighter, Leopard-
1-Panzer Transporter, U- und Schnellboote, G-3 und MG-3-
Gewehre, dazu Fertigungsstätten zum Lizenzbau von G-3-Ge-
wehren und Leopard-Panzern). Hinzu kamen Rüstungs-
sonderhilfen in Höhe von noch einmal weit über einer Milliarde
Mark.

Zusätzlich lieferte Bonn ab 1991- zum Nulltarif - aus Alt-
beständen der NVA neben 1.300 Schützenpanzern 256.000
Kalaschnikows, 5.000 Maschinengewehre, rund 100.000 Panzer-
fäuste, 400 gepanzerte Fahrzeuge und 445 Millionen Schuß
Munition - Rüstungsgüter also, die in erster Linie für Bürger-
kriege geeignet sind.

Erst seit der Wiederaufnahme der Lieferungen im Herbst
1992 liegt der Schwerpunkt auf anderen Gattungen: 2 Fregat-
ten, 46 Phantomflugzeuge, Stinger-Luftabwehrraketen, Panzer-
haubitzen, Brückenlege- und Pionierpanzer, Tankwagen, Nacht-
sichtgeräte, usw.

Nach Recherchen des "Südwestfunks" ist der Großteil der über 1.500 Kampfpanzer, gepanzerten Kampffahrzeuge und Artillerie, die die NATO der Türkei in den letzten 2 Jahren aus deutschen Bundeswehr- und US-Army-Beständen geschenkt hat, in die Osttürkei geliefert worden.

Aus Sicht der Bundesregierung hat die türkische Regierung die Nichtverwendung deutscher Rüstungslieferungen bei innenpolitischen Auseinandersetzungen zugesagt und eingehalten: die Bundesregierung erwarte, so Außenminister Klaus Kinkel, daß deutsche Rüstungslieferungen nur im Rahmen des NATO-Vertrages verwandt werden. Ironischerweise beruft sich die Türkei genau auf diesen Vertrag. Der türkische Außenminister Cetin weist nämlich auf den Paragraphen 13 des 1991 in Rom beschlossenen NATO-Konzeptes hin, wonach die Sicherheit eines Landes durch "Terror- und Sabotageakte" gefährdet werden kann. Genau damit begründet Ankara die Militäreinsätze in den kurdischen Provinzen.

Auf diese Weise setzt die Türkei immer unverhohlener deutsche Waffen ein. Der Sondergouverneur in den Krisenprovinzen, Günal Erkan, erklärte im November 1992, er erwarte bald auch aus Deutschland umfangreiche Rüstungsgüter zur Bekämpfung des kurdischen Terrorismus. Und am 1. April 1994 erklärte der türkische Verteidigungsminister Mehmet Gölhan im Südwestfunk: "Die Militärhilfe, die wir von Deutschland erhielten, würden wir gegen die PKK einsetzen. Nicht gegen die Kurden. Nicht gegen das kurdische Volk, sondern gegen die Terror-Organistion".

Ende dieses Jahres will die Bundesregierung - neben der USA wichtigster Rüstungslieferant der Türkei - seine Militärhilfe an Ankara einstellen, weil keine Mittel mehr zur Verfügung stehen. Für diesen Fall ist die Türkei bereits gerüstet: 80 Prozent der ausländischen "Beihilfen" hat Ankara in den Aufbau einer Rüstungsindustrie gesteckt, die künftig deutsche Waffen in Lizenz weiterbaut.

BRT-60 Schützenpanzer vor Lice

M 133 Schützenpanzer während einer Militäroperation gegen kurdische Dörfer vor Lice, 23.3.1994

175

Aufgrund der Bebachtungen der 300 Abgeordneten, Menschenrechtler und Journalisten bei den türkischen Kommunalwahlen verhängte die Bundesregierung am 31. März 1994 einen erneuten vorläufigen Rüstungslieferstopp. Am 28. April 1994 hob die Bundesregierung den Lieferstopp wieder auf. In einem Schreiben an das Auswärtige Amt teilte das Bundesverteidigungsministerium nach Auswertung des Fotomaterials mit: "Keines der vorliegenden Bilder zeigt ein Fahrzeug/Gefechtsfahrzeug im Kampfeinsatz oder unmittelbar neben zerstörten Gebäuden. Die Türkei hat deutsche Waffen, die sie für die Landesverteidigung im Rahmen ihrer NATO-Verpflichtungen erhält, Truppenteilen der regulären Armee in der Nähe der Landesgrenzen und nicht im Landesinneren zugeordnet. Diese Truppen haben nach türkischen Angaben allein den Auftrag der Landesverteidigung gegenüber den angrenzenden Staaten Syrien, Irak und Iran. Aufgrund der Tatsache, daß aus Deutschland gelieferte Waffen im Südosten disloziert sind, ergeben sich selbstverständlich Möglichkeiten, die Fahrzeuge außerhalb ihrer Kasernen zu fotographieren oder zu filmen. Aus dieser Tatsache allein aber kann kein Beweis für einen Kampfeinsatz gegen die Kurden hergeleitet werden."

Eines der Fotos zeigte z.B. einen Panzer vor einem Ortsschild 4 km vor Lice, eine halbe Stunde nach der Zerstörung der Stadt. Im Klartext bedeutet das Schreiben des Verteidigungsministeriums: solange es Journalisten nicht gelingt, deutsche Panzer in Gefechtsstellung, im Moment des Beschusses ziviler Einrichtungen zu filmen, solange wird an die Türkei weitergeliefert - und solange sterben im Südosten der Türkei Menschen auch durch deutsche Waffen.

Anschläge gegen den Tourismus

"Wollen Sie mit Ihrem Geld den Völkermord in Kurdistan finanzieren?" fragt ein Plakat der ERNK, das vor dem Hintergrund eines belebten Sandstrandes Photos gräßlich verletzter und verstümmelter Kinder zeigt. Unter jedes Photo ist zusätzlich ein Hundertmarkschein unterlegt, in dicken Lettern fordert die ERNK auf: Boykottiert den Tourismus in der Türkei.

Schon 1993 hatte die ERNK eine Boykott-Aufforderung plakatiert - ohne Photos, nur mit einer nüchternen Bilanz der "Massaker 1992 in Kurdistan" und dem Hinweis "mit jeder Mark finanzieren Sie den Tod eines Menschen in Kurdistan".

Es blieb nicht bei Plakaten und Boykottaufrufen. Im Dezember 1993 warnte ein Sprecher des "Kurdistan-Komitees" in Brüssel: "Wir wollen keine Touristen direkt bedrohen, aber es wird Angriffe auf die touristische Infrastruktur in der Türkei geben, und jeder ausländische Reisende muß sich der Risiken bewußt sein".

In der PKK-Zeitung "Serxwebun" war zu lesen: "Gegen den türkischen Staat, der die Existenz unseres Volkes angreift, wird die PKK alle möglichen Maßnahmen ergreifen. Taktisch bedeutet das, sich den Finanzierungsquellen des Krieges zuzuwenden."

Eine der damit angesprochenen Finanzierungsquellen ist die türkische Tourismuswirtschaft. Der Fremdenverkehr gilt seit Jahren als Wachstumsbranche Nummer eins, zudem als wichtigster Devisenbringer. Nach kurzfristigen Einbrüchen durch den Golfkrieg 1991 hatte die Branche ständig zugelegt: Nach Angaben des türkischen Tourismusministeriums beliefen sich die Einnahmen aus dem Fremdenverkehr 1993 auf umgerechnet

Boykottiert den Tourismus in die Türkei

Wollen Sie mit Ihrem Geld den Völkermord in Kurdistan finanzieren!

V.i.S d.P.: Solidaritätskomitee Kurdistan, M. Schneider, Wolfstr. 10, 53111 Bonn

6,8 Milliarden Mark - das entsprach einem Anteil am Bruttoinlandsprodukt von 2,3 Prozent. Für 1994 erwartete das Ministerium schon über 7,6 Milliarden Mark, im Jahr 2000 sollen es dann 10 Milliarden sein.

Ende März 1994 machte die PKK Ernst: In der Damentoilette des Großen Basars in Istanbul explodierte eine Bombe - vier Frauen, darunter zwei Rumänninen, wurden verletzt. Vier Tage später detonierte ein in einem Paket versteckter Sprengsatz mittags im Garten der Hagia Sofia-Moschee in Istanbul. Ein Deutscher und eine Spanierin wurden schwer, ein Niederländer leicht verletzt. Zu dem Bombenanschlag bekannte sich in einem Anruf an die pro-kurdische Zeitung "Özgür Gündem" die PKK.

Potentielle Anschlagsziele sind offenbar nicht nur rein touristische Einrichtungen: Im Februar 1994 versteckte die PKK in vier Fernbussen (Busse sind das wichtigste Fernverkehrsmittel in der Türkei) Zeitbomben. Drei Menschen wurden getötet, siebzehn wurden verletzt. Eine Bombenexplosion auf einem S-Bahnhof in Istanbul Ende Januar richtete ein verheerendes Blutbad an.

Bereits im Juni 1993 waren in Antalya in einer Einkaufspassage und in einem Straßencafe zwei Splitterbomben explodiert. Weitere Anschläge passierten in Kusadasi und Istanbul. Damals bekannte sich die PKK noch nicht zu den Anschlägen. Zudem wurde einer der Bombenwerfer vom Besitzer des Straßencafes bei einer Gegenüberstellung identifiziert - bei dem Mann handelte es sich um einen griechischen Staatsbürger.

Wegen dieser Anschläge waren bereits 1993 rund eine halbe Million Touristen weniger gekommen als 1992. Dennoch brachten weniger Touristen 9 Prozent mehr Deviseneinnahmen.

Für 1994 waren die Prognosen der Tourismusindustrie deshalb optimistisch: man rechnete mit 7,5 Millionen Touristen (allein 1,5 Millionen aus Deutschland) und 7,6 Milliarden Mark Einnahmen. Aus dieser Rechnung wird nichts - deutsche Reiseveranstalter sprachen im April von einem Buchungsrückgang um nahezu 50 Prozent. Nach türkischen Angaben liegt der Rückgang gegenüber den Vorjahresbuchungen bei 30-35 Prozent - die Zahlen beziehen sich allerdings auf den Februar. Für die Türkei bedeutet das herbe Verluste, von den jetzt ausbleibenden Einnahmen erhoffte sich die Regierung einen teilweisen Ausgleich des rapide gestiegenen Außenhandelsdefizits.

Ein weiteres Krisenjahr bedeutet zudem den sicheren Ruin für hunderte von Hotel- und Restaurantbesitzern, Taxifahrern, Kellnern, Dienstmädchen, Kebap-Verkäufern, usw.

Geschmälert werden die Verluste allerdings durch neue Gäste - in diesem Jahr buchten zum ersten Mal 150.000 Israelis und 50.000 Russen.

Die Eskalation der Gewalt im Südosten der Türkei hat nicht nur Auswirkungen auf die touristischen Zentren. Im August 1991 entführte die PKK in der Nähe des Nemrut-Berges zehn deutsche Touristen und behielt sie über eine Woche in ihrer Gewalt. Seitdem fordert die PKK Touristen auf, nicht ohne schriftliche Erlaubnis ihrerseits das kurdische Bürgerkriegsgebiet zu betreten. Im Laufe der letzten Jahre wurden insgesamt 27 Ausländer, die diese "Ausweispflicht" ignoriert hatten, entführt und wieder freigelassen.

Die Türkei und die Menschenrechte: Erfahrungen von Deutschen in Kurdistan

Von der türkischen Regierung gedeckte Menschenrechtsverletzungen, Folterpraktiken, Verfolgung oppositioneller Politiker und kritischer Journalisten sind in diesem Buch beschrieben. Von der deutschen Öffentlichkeit (erst Recht: der deutschen Politik!) werden sie vielfach entweder verharmlost oder nicht wahrgenommen. Manchmal erweckt die deutsche Gleichgültigkeit den Eindruck, als ob die Verklärung des "Wilden Kurdistans" à la Karl May allemal stärker ist als die Realität im Lande das NATO-Partners und EU-Aspiranten Türkei. Die Bundesregierung - voran Bundesaußenminister Klaus Kinkel, im Schlepptau Hardliner wie der bayerische Innenminister Günther Beckstein - versucht, ihre Betriebsblindheit mit einer einmaligen Vertragskonstruktion zu kaschieren: die Türkei - immerhin Unterzeichnerstaat sämtlicher internationaler Menschenrechts- und Anti-Folter Konventionen - solle sich schriftlich zu einer völkerrechtlichen Selbstverständlichkeit verpflichten: Nämlich aus Deutschland abgeschobene Kurden nicht zu foltern (der Rest der Kurden in der Türkei scheint deutsche Politiker nicht zu interessieren). Warum ein Staat zu etwas verpflichtet werden muß, was er doch angeblich ohnehin nicht macht (nämlich zu foltern), bleibt das Geheimnis des bundesdeutschen Erklärungsnotstandes. "Rund 100.000 Menschen", schätzt der türkische Menschenrechtsverein, sind in den letzten Jahren in türkischen Gefängissen gefoltert worden - Folter ist keine Ausnahme, sondern alltägliche Praxis. Vielleicht verliert Grausamkeit in der Masse ihren Schrecken.

181

Deswegen sind im folgenden zwei Beispiele dokumentiert, in denen Deutsche nicht bzw. sehr subtil "gefoltert" wurden: exponierte Persönlichkeiten, die unter dem besonderen Schutz der deutschen Botschaft und des türkischen Außenministeriums standen - anders als "gewöhnliche " Kurden oder Türken. Die Erfahrungen der bayerischen Landtagsabgeordneten Bärbel Narnhammer (SPD) und der Hamburger Fernsehjournalisten Peter Weymar und Michael Enger lassen die absolute Willkür und Brutalität des türkischen Sicherheitsapparates vielleicht besser erahnen als Foltergeschichten aus dem "wilden Kurdistan".

Michael Enger, 41, und Peter Weymar, 47, sind freie Fernsehjournalisten aus Hamburg. In Reportagen u.a. für "Monitor" und "Spiegel-TV" haben sie seit 1988 über die Kämpfe in irakisch- und türkisch-Kurdistan, über Menschenrechtsverletzungen und über den Einsatz deutscher Waffen in den Ausnahmegebieten berichtet. Im Dezember 1993 drehten sie einen Film über die pro-kurdische Zeitung "Özgür Gündem". Als sie im März 1994 zusammen mit der Dolmetscherin Corry Gutstadt erneut in die Türkei reisten, um einen zweiten Teil zu drehen (der erste Teil war bereits ausgestrahlt worden) war die türkische Adminstration trotz in Ankara erteilter Drehgenehmigungen fest entschlossen, den Journalisten zumindest einen "Denkzettel" zu verpassen.

Michael Enger:
Nach einigen Drehs in Istanbul und Shivas haben wir die Geschichte einer Frau dokumentiert, deren Mann verbrannt ist. Wir sind auch nach Diyarbakir gefahren und haben dort mit Redakteuren vor Ort gedreht.Nachdem wir vorher kurz in Bitlis die Geschichte eines dort verschwundenen und ermordeten Gündem-Journalisten verfolgt und rekonstruiert haben, sind wir nach Tatvan an den Vansee gefahren. Dort wollten wir den Kommunalwahlkampf, der zu der Zeit lief, beobachten. Wir

haben kurz ein Bild von dem DYP-Parteibüro gemacht, waren dann kurz im SHP-Büro und haben auch ein paar Bilder gemacht, mit einigen Leuten geredet, nichts wesentliches vom Effekt her. Die Leuten trauten sich offensichtlich nicht, frei zu reden. Man sagte uns zunächst, alles sei in Ordnung, wir können hier einen ganz hervorragenden Wahlkampf durchführen. Als wir dann fast fertig waren, kam ein alter Mann und sagte: "Stimmt alles gar nicht. 17 Parteimitglieder von uns sind verhaftet, unter anderem der Spitzenkandidat", von dem überall in den Straßen und auch in der Parteizentrale selber Wahlplakate hingen. Und er war in Haft! Wohlgemerkt SHP - die in der Regierungskoalition sitzen.

Dann sind wir rausgegangen zum Rathaus und kaum standen wir da, kam ein kleiner weißhaariger Mann auf uns zugestürmt, schimpfte und tobte - wir sollen verschwinden, wir ausländische Journalisten würden immer Unruhe reinbringen. Wir konnten mit ihm gar nicht reden, er war gar nicht zugänglich für irgendwelche Argumente. Dann kamen Leute dazu. Es war dann ziemlich offensichtlich, daß sich im Hintergrund Zivilpolizisten aufhielten, die wir alle später wiedergetroffen haben, und die die Leute im Hintergrund alle ein bißchen aufgehetzt haben. Die Situation eskalierte dann, obwohl wir nur das Rathaus gedreht hatten. Es ging dann soweit, daß sie Todesdrohungen ausgesprochen haben. "Wenn ihr hier nicht verschwindet, werdet ihr umgebracht!"

Der Hauptagitator, der zuerst aufgetreten war, das ist jetzt amtlich, war ein Vertreter der DYP-Partei in dem Ort. Es kamen immer mehr Leute, die meisten standen um uns herum, griffen nicht ein. Aber es gab einen Pulk von Leuten, vielleicht 10 - 20 Personen, die richtig massiv auf uns losgingen und uns ans Leder gingen, und vor allem unsere Ausrüstung haben wollten. Wir standen und haben um unsere Geräte gerungen. Ich hielt mich irgendwie an der Kamera fest und drei Leute zogen in der Gegenrichtung. Das war ziemlich turbulent. Einige Sachen haben sie uns entreißen können, einen Teil der Tonausrüstung haben sie demoliert. Ich habe dieses Bild vor Augen, wie dieser Alte, der eigentlich seriös wirkte, wenn man ihn so treffen würde, die Tonangel nahm und übers Knie brach, daß sie im 90-Grad-Winkel stand.

Peter Weymar:
Es gab in diesem Zusammenhang eine aufschlußreiche Szene. Als nämlich unsere Dolmetscherin, als einzig türkisch Sprechende, zu einem Polizeibeamten rannte und um Hilfe schrie. (Wir haben auch geschrien, denn es ging wirklich ums "Eingemachte"): Helft uns, die machen uns völlig fertig und kaputt! Daraufhin kam einer derjenigen, die uns vorher attackierten hatten und sagte zu den Polizisten: Haut ab, das ist unsere Sache hier und alsbald setzte sich der Polizeiwagen wieder in Bewegung und die Polizisten fuhren weg.

Einen zweiten ähnlichen Vorfall gab es, der genau so ablief. Es war sehr deutlich, daß es eben nicht nur so war, daß Geheimpolizei von Zivilpolizei aufgestachelt wurde, sondern sie waren es eben selbst. Also Leute, die uns attackiert haben, waren Zivilpolizisten, was im folgenden auch noch deutlich wurde. Hier muß man den Verlauf erzählen: Es war anschließend so, daß ein paar Leute, vorrangig Jugendliche, uns dann geholfen haben und uns da rausgehauen haben. Es ging soweit, daß sie uns nicht nur Gegenstände entrissen haben, es gab dann auch die ersten Tritte gegen uns. Sie haben uns nicht verprügelt, das wäre zuviel gesagt, aber sie haben uns attackiert auf eine Weise, daß sie uns die Gerätschaften klauen und kaputt machen wollten und daß sie uns mit Tritten drangsaliert haben. Ich war ja kurz davor, mich auch körperlich zu wehren; wir waren sehr defensiv, denn gegen so eine Meute hast du ja keine Chance, obwohl ich immer spürte: jetzt muß ich mich auch körperlich wehren. Aber wenn ich das getan hätte, das war unsere Ein-

schätzung im nachhinein, hätten die uns zusammengeschlagen
- und wer weiß, was passiert wäre.

Ich konnte wirklich gut nachvollziehen, was in Silas passiert
ist, wir waren ja vorher dort und hatten die Geschichte dort
erfahren und geschildert bekommen, auch etwas Filmmaterial
gesehen von den Ereignissen dort. Also diese aufgestachelte
Meute, die da auf irgendwelche Leute losgeht - es war ziemlich
bedrohlich.

G. Stein:
Was war in Shivas?

M. Enger:
Dort war ein Kongreß von liberalen Künstlern und Kulturschaf-
fenden. Sie hatten dort das Hotel in Brand gesetzt.

Wir retteten uns anschließend in Richtung Hotel, noch vor
dem Hotel wurden wir wiederum eingeholt von einer Gruppe
von Zivilpolizisten, dann kamen sie plötzlich, gaben sich dann
als solche aus, wovon aber mindestens einer, vielleicht auch
zwei, so genau weiß man das nicht mehr, vorher dabei war, als
sie uns attackiert hatten. Die waren nun scheinbar sehr behilflich und sagten - nein, behilflich ist zu viel gesagt, sie bedrohten
uns, aber auf scheinbar fürsorgliche Weise, indem sie sagten:
Verlaßt sofort die Stadt, ihr seht, wir können für euer Leben
nicht mehr garantieren, die bringen euch hier um, wenn ihr hier
bleibt. Sie haben natürlich nicht gesagt: Wir bringen euch um,
sondern: Die bringen euch um! Obwohl die Personen identisch
waren. Dies haben sie ganz vehement gemacht - es war wiederum eine bedrohlich Situation.

Die Leute standen dann im Hotelvorraum und haben Druck
gemacht und sagten: packt eure Sachen und geht. Als wir
unsere Sachen packten, haben sie vorher noch alle Sachen
durchgewühlt. Ich selber hatte Angst, sie würden uns noch

etwas unterschieben, irgendwelche PKK-Flugblätter - aber das war nicht so.

Sie haben uns dann in ein Taxi verfrachtet und im Konvoi, vor und hinter uns mit Polizeiwagen, aus der Stadt rausgebracht. Es war gar nicht eindeutig - vorher die unterlassene Hilfe und jetzt groß mit Polizeiwagen. Wir wußten auch nicht, was passiert jetzt. Es gibt unglaublich viel Hektik, du denkst: jetzt kommt man endlich raus - und plötzlich geht nichts mehr weiter und es heißt nur warten, warten, warten.

Man ist sich nicht im klaren, führen sie noch irgendetwas im Schilde, stellen sie noch was an mit dir. Also das war eine ganz merkwürdige Situation.

Wirklich sehr eindeutig war hingegen die Situation vorher. Corry hatte auch so einen Wagen angehalten, einen Ford Transit mit Polizei - und ich selber bin auch auf einen Polizeiwagen zugegangen und wir baten dort um Hilfe. Sie schauten uns nur an und fuhren weiter. Als wir zuvor die Stadtaufnahmen gemacht haben, war ständig Polizei um uns, die beobachtete. Jetzt aber registrierten sie uns nicht mehr. Sie hatten aber von Wiklis aus durchgegeben, daß wir vorbeikämen und nach Tatvan fahren würden. Sie waren alle informiert und warteten quasi alle auf uns.

G. Stein:
Mußtet ihr eure Fahrt jeweils anmelden?
Oder ist die Genehmigung durch die üblichen Straßenkontrollen zustandegekommen?

P. Weymar:
Nein, wir hatten eine allgemeine Dreherlaubnis gehabt aus Diyarbakir und vorher aus Ankara diesen entscheidenden Presseausweis.

Wir hatten vorher in Bitlis ebenfalls Polizeikontakt. Wir haben denen gesagt, wohin wir fahren. Insofern wußten sie ganz genau Bescheid über unsere Reiseroute. Also hatten wir kaum in Bitlis gedreht, war sofort die Zivilpolizei da.

Die sind also von Anfang an dabei und hören immer mit. Die Leute sind alle eingeschüchtert. Die wollten uns auch ganz schnell aus der Stadt raus haben. Dann war es endlich soweit, als wir sagten: Wir fahren jetzt - dann hieß es: Wohin denn? Das haben sie dann gleich durchgegeben. Unterwegs sind wir nochmal angehalten worden, die wußten immer gleich Bescheid.

G. Stein:
Nachdem ihr Tatvan verlassen habt, seid ihr doch kurzzeitig inhaftiert gewesen oder?

M. Enger:
Nein, das war später. Auf der Rückfahrt nach Silvan sind wir nocheinmal festgehalten worden auf einer Militärstation. Dort wurden wir bestimmt nochmal zwei Stunden aufgehalten. Es hieß immer, es sei zu gefährlich, wir dürften nicht weiter. Die anderen Autos fuhren an uns vorbei, nur wir erhielten keine Erlaubnis, weiterzufahren. Es hieß für uns immer nur warten, warten. Man sagte uns, der oberste Chef sei nicht zu sprechen. Den haben sie dann über Funk zu erreichen versucht, zumindest haben sie so getan, um ihn zu fragen, was sie mit uns machen sollten - doch der war nicht da und auch nicht zu erreichen.

Inzwischen wurde es Nacht, durch die vielen Aufhalteaktionen und im Dunkeln fährt man ja sowieso selten oder sollte es nicht tun. Dadurch war es natürlich zusätzlich kompliziert.

Die andere Geschichte ereignete sich dann ein paar Tage später: Wir hatten erfahren, daß in der Nähe der Stadt Lice eine Operation von der türkischen Armee durchgeführt worden sei, auch daß zwei Jugendliche in einem Dorf bei der Stadt Lice von Gendarmerie und Dorfschützern erschossen worden seien. Wir sind dann in die Gegend gefahren. Wir haben das erste Dorf gesehen, was zerstört war. Im zweiten Dorf haben wir noch qualmende Balken gesehen, es war ein gespenstischer Eindruck.

Erst allmählich kamen Leute heraus und erzählten uns, was geschehen war. Daß nämlich eben türkisches Militär dort Häuser zerstört hätte.

In der Gegend um Lice gibt es ca. 65 Siedlungen. Nach Aussage der Leute gibt es jetzt gerade noch ein Dorf, das unbeschädigt ist. Alle anderen sind mehr oder weniger platt gemacht worden, nur noch einzelne Häuser stehen. Nach Schätzungen sind 80 bis 90 Prozent der Bevölkerung geflohen. Wir konnten das ja mit eigenen Augen an dem einen, noch qualmenden Ort sehen. Es waren nur noch Alte oder ganz Junge da, die Leute im mittleren Alter trauten sich nicht mehr, hier zu sein. Weil sie immer als potentielle Guerilleros betrachtet werden.

Dann sind wir in das zweite Dorf gefahren, in dem die beiden Jugendlichen erschossen worden waren. Dort haben wir noch die Trauerfamilie angetroffen. Die haben uns erstmal aufgenommen und verköstigt. Wir wollten natürlich nicht gleich die Kamera laufen lassen. So haben wir zunächst mit Eltern und Angehörigen geredet und haben dann gefragt, ob wir das auch drehen dürften. Wir sagten, es wäre total wichtig, dies zu dokumentieren. Wir waren gerade dabei, die Kamera aufzubauen, als plötzlich totale Panik bei denen ausbrach. Nach der Übersetzung gaben sie uns zu verstehen, daß die Dorfschützer jetzt kommen würden. Die Mutter des erschossenen Jugendlichen brach zusammen. Es war eine totale Hektik und Panik. Etwa zehn bis fünfzehn Leute kamen dann in "Räuberzivil", die sehen ja viel schlimmer aus mit ihren umhängenden Knarren als echte Soldaten. Die haben uns dann recht rüde deutlich gemacht, wir sollten sofort in das Taxi rein und haben uns dann aus dem Dorf "rausgeleitet". Unser Taxi war umzingelt von Dorfschützern, von dort aus ging es dann im Schrittempo in die Berge rein.

Es waren sicherlich ein paar ganz "scharfe Hunde" dabei. Zumindest war der anfängliche Eindruck so. Später als man mit ihnen geredet hatte, war legte sich der Eindruck. Die Fahrt dauerte ja ewig, bis wir zurückgefahren sind ca. 11½ Stunden. Es war eine bunt gemischte Gruppe.

Es waren auch teilweise alte Männer, die kaum noch die "Knarre" halten konnten! Die mußten draußen laufen. Wir sagten wir könnten laufen, sie sollen doch einsteigen. Das war für die natürlich unfaßbar. Wir, die Verhafteten, sollten daneben laufen - unmöglich.

G. Stein:
Haben die euch gesagt, warum die diesen Zirkus machen? Warum sie euch da raus eskortieren?

M. Enger:
Sie sagten nur, Befehl! Sie haben den Befehl, uns mitzunehmen. Ein paar Kilometer entfernt kamen sie dann auf uns zu und sagten: So, jetzt müßt ihr aussteigen. Dann sind 3 oder 4 Leute rausgesprungen sie kamen wortlos, aber mit sehr grimmiger Miene auf uns zu und haben uns die Augen verbunden. Und haben uns dann wieder in den Wagen gezwungen. Haben aber den Fahrer von uns getrennt. Den haben sie in ihr Auto gesetzt. Es ging alles blitzschnell. Auf unsere Frage, wohin es jetzt gehe, bekamen wir die Antwort: Da wo es niemanden mehr gibt!

In unserer Situation war dies natürlich deutlich. Wir waren uns bewußt, wenn mit uns etwas passiert und hier irgendwelche Männer tot rumliegen - jeder würde sagen: Das war die PKK. Sowas passiert ja immer wortlos, die erklären ja nicht.

Die drehen dir einfach die Hand nach hinten, binden dir die Augen zu. Für Argumente sind die total dicht, die lassen sich auf nichts ein.

G. Stein:
Konntet ihr ausmachen, was das für Leute waren?

M. Enger:
Ich denke, es war eine Mischung aus Konterguerilla und Zivilpolizei, keine Dorfschützer, die waren eben drüber.

P. Weymar:
Ja, die haben uns auf eine kleine Gendarmeriestation gefahren, dort haben sie den Fahrer verhört. Wir haben dort eine ganz groteske Situation erlebt. Der Fahrer setzte das Auto nämlich in den Schlamm. Die Bewacher stiegen aus und begutachteten die Situation. Wir sagten, wir könnten alle aussteigen und mit schieben helfen - wir haben das auch gemacht. Die Augenbinde hochgeschoben und haben den Wagen geschoben. Das Skurrilste war, daß der Oberbewacher unserer Übersetzerin Corry die Waffe gab, damit er auch mitschieben konnte! Dadurch war das natürlich ein bißchen aufgelockert. Das änderte sich aber dann wieder. Anfänglich etwas entspannt, später mußten wir wieder rigoros diese Augenklappen aufsetzen.

Nachher wurde deutlich, daß dieses Verhalten bewußt dazugehörte. Uns wurde das später klar, als wir in der nächsten Station insgesamt über vier Stunden festgehalten und verhört und beschimpft wurden. Dort war es auch so, daß sie uns die Hände gefesselt hatten. Die richtigen Verhöre wurden vom Kommandanten durchgeführt und das war richtig auf die harte Tour. Wir wurden auch bedroht. Uns wurde dann immer wieder gesagt: Ihr habt ja nur eines im Sinn, ihr wollt die türkische Nation spalten, ihr unterstützt die PKK.

Nur als Nachtrag aus Tatvan, uns wurde vorgeworfen, wir machten Propaganda für die PKK, das wurde uns vorgeworfen, weil wir das Rathaus fotografiert hatten, das muß man sich mal vorstellen! So abstrus ist die ganze Angelegenheit.

G. Stein:
Wie liefen die Verhöre ab?

P. Weymar:
Ja, die fragen, warum du da bist, was man hier macht. Wohin man geht. Mit wem man Kontakt hat. Worüber der Film geht. Wen man interviewt hat und so weiter. Dann läuft das Verhör auf einer formalen Ebene. Man sagte uns, wir hätten eine Spezialgenehmigung gebraucht. Was totaler Quatsch war, da wir an offiziellen Stellen extra noch nachgefragt hatten, ob wir eine Sondergenehmigung für's Drehen brauchen. Wir hatten also alles. Dort wurde uns gesagt: Nein, die beiden Ausweise, die sie haben, die reichen. Genau das aber wurde uns jetzt vorgeworfen, nämlich daß diese Genehmigungen fehlten.

Wir wußten auch von vorherigen Reisen, daß es in solchen Situationen gut ist, sich von so etwas nicht "Kleinmachen" zu lassen, indem man eben sagt: Hört mal, es gibt diplomatische Beziehungen, das könnt ihr hier nicht machen. Das haben wir auch in dieser Situation versucht. Worauf der "Scharfe Bewacher" uns zu verstehen gegeben hat: "Gut, wenn ihr euch beschwert - dann könnt ihr euch gerne mal den Folterkeller anschauen!" So massiv war das.

G. Stein:
So kann man zumindest eins feststellen, daß es sich nicht um eine wildgewordene, losgelöste Gruppe aus irgendeinem Dorf handelte, sondern es ist ein gestaffeltes, abgesprochenes und auf Weisungen vorgehendes System.

M. Enger:
Ja, es hat System. Es gibt auch permanent Rücksprachen zu höheren Dienststellen. Das haben sie uns auch immer wieder erzählt. Ich glaube auch, daß die mit der höchsten Generalität Kontakt haben. Wir waren ja auch nicht irgendwer, sondern waren offiziell akkreditiert als deutsches Fernsehteam. Da kann

man nicht einfach hergehen und sie verhaften. Also da muß man sich schon etwas einfallen lassen. Deshalb haben sie auch das "Blaue vom Himmel" gelogen.

Eines haben wir noch vergessen zu erzählen, in bezug aufs Material. Früher war unser Körper immer tabu. Sicherlich das, was wir in den Taschen hatten, aber nicht so, daß uns Sachen vom Körper gerissen wurden. Es ist uns selbst in den drei Tagen unserer Inhaftierung nicht passiert, daß sie alles sehen wollten, was wir in den Taschen hatten. Das haben wir rausgelegt. Dann wollten sie das ganze Material haben. Da haben wir gesagt, daß sie kein Recht dazu haben, über gedrehtes Filmmaterial, das dem deutschen Fernsehen gehört und nicht der türkischen Regierung, also Eigentum des deutschen Fernsehens. Das hat sie gar nicht beeindruckt, sie haben trotzdem alles durchgeschaut und dann gingen sie mir wirklich an die Wäsche. In meiner Kameratasche waren noch zwei bis drei Kassetten, die wollten sie haben. Ich sagte, nein, die geb' ich nicht raus; dann kamen zwei, die haben mich gepackt und ein dritter hat mir das ganze Zeug rausgeholt unter Gewaltanwendung, also staatlich sanktionierter Raub war das.

Dies war das Material, das wir in den Dörfer gedreht hatten, die Bilder und Interviews. Alles erschütternde Szenen und natürlich gefährlich für alle Leute, die dort ausgesagt haben vor der Kamera.

Das ist, was am meisten bedrückt. Gut, das Material kann man verschmerzen, aber daß die Leute in Schwierigkeiten kommen und gefährdet werden!

G. Stein:
Ein wichtiger Punkt ist die Androhung in dem Folterkeller, können sie davon noch etwas schildern?

M. Enger:
Unserer Dolmetscherin ist mit Folter gedroht worden. Es war nicht so ganz klar, ob es nur ihr oder uns allen galt. Ich vermute einfach aus dem Grund, weil sie als Frau nicht politisch zu argumentieren und gefälligst den Mund zu halten hatte, wurde ihr angedroht: So, wenn du nicht ruhig bist, kommst du in den Folterkeller. Es war eine deutsche Übersetzerin, eine Freundin, die auch Journalistin ist.

P. Weymar:
Die andere Geschichte war, daß wir uns vorgenommen hatten, daß wir in jedem Fall zusammenbleiben wollten einschließlich unseres kurdischen Taxifahrers. Da hatten wir natürlich keine Chance. Den haben sie getrennt von uns. Den haben sie nicht wie uns nach 11 Stunden freigelassen, sondern erst nach 2½ Tagen und sie haben ihn auch gefoltert. Wir haben ihn nach 2½ Tagen wieder gesehen, er konnte kaum laufen. Er erzählte, was ihm widerfahren ist.

Sie haben ihn mit Unterbrechungen immer wieder geschlagen und ihn aufgefordert, sein Auto zu zerlegen. Sie glaubten, irgendein Propagandamaterial zu finden. Anschließend haben sie sein Auto zertrümmert. Einmal haben sie ihm den Kopf unter Wasser gestülpt, einmal so lange, daß er fast erstickt wäre. Dann haben sie seine Arme auf dem Rücken gefesselt und ihn an den Handgelenken aufgehängt. Anschließend wurde er in ein kleines Verlies gesteckt. Während der ganzen Nacht tropfte auf seinen Kopf Benzin. Was in der Situation völlig bedrohlich ist, weil er glaubte sie wollten ihn in Brand stecken!

Sie haben ihm immer wieder gesagt: so jetzt erschießen wir dich gleich. Eine Höchstform von Folter. So etwas haben wir natürlich nicht erlebt. Mit nichts vergleichbar.

Was sie mit uns dann noch gemacht haben in Zusammenhang mit den Kassetten. Sie haben uns die Hände straff gefesselt und die Augen ganz fest verbunden, und uns so acht Stunden sitzen lassen. Acht Stunden mit verbundenen Augen. Es ist auch nicht vergleichbar mit dem, was diesen Menschen passiert ist und was üblicherweise jedem Kurden passiert, der verhaftet wird.

G. Stein:
Ist euch indirekt mit dem Tod gedroht worden? Indem man euch gesagt hatte: z.B. "Wir übergeben euch der Hisbollah"?

P. Weymar:
Direkt sicherlich nicht, aber es ist die Frage, wie man Aussagen werten soll wie: "Wir bringen euch da hin wo niemand mehr ist" - wie wertet man solche Aussagen in bedrohlichen Situationen? Wir verstehen diese Aussagen ja nur über Übersetzungen, aber wir haben z.B. gehört, daß einer der Dorfschützer gesagt hat: "Warum habt ihr sie nicht umgelegt, ihr hättet doch pro Person 10 Millionen gekriegt!" Das hat uns später der Taxifahrer erzählt.

Also ist offensichtlich ein Kopfgeld auf bestimmte Leute ausgesetzt, ich weiß nicht ob es speziell Journalisten sind oder für jemanden, den man für einen Oppositionellen hält. Auf jeden Fall, wenn ein Dorfschützer einen liquidiert und umlegt, dann bekommt er ein Kopfgeld.

G. Stein:
Was ist aus dem Taxifahrer geworden?

M. Enger:
Er hat uns das ziemlich hart erzählt: Wir lassen dich jetzt zwar nach Diyarbakir, wurde ihm gesagt, aber dort können wir dich auch noch umlegen!

Als wir frei gelassen wurden, haben wir nachts noch die deutsche Botschaft angerufen und um die Freilassung des kurdischen Fahrers gebeten. Wahrscheinlich ist er auf Grund dessen nach 2½ Tagen freigekommen! Wer weiß, was sonst mit ihm passiert wäre.

G. Stein:
Hat man euch zu verstehen gegeben, was man mit euch tun könnte, wenn ihr wiederkommen würdet ?

M. Enger:
Das bekommst du immer mit, wenn der sagt: ihr spaltet die Nation! Das hört man direkt und indirekt immer raus. Die sagen nicht, wenn ihr noch mal kommt, dann legen wir euch um - aber es war sehr deutlich. Der Taxifahrer hat im Sprechfunk sehr deutlich mitgekriegt, daß sie uns bereits seit der Ausfahrt aus Diyarbakir beobachtet und beschattet haben. Direkt gefolgt ist uns niemand, das hätten wir mitbekommen. Aber es geht ja über Funk weiter und alles war offensichtlich gezielt auf uns gerichtet. Sie konnten es nicht zulassen, daß wir über die Dörfer und die Leute dort drehten.

Wir sind auch in der Nacht in drei Jeeps verfrachtet worden, wir wurden unter Gewaltanwendung voneinander getrennt. Michael zuerst, Corry und ich auf den zweiten Jeep und dahinter noch das dritte Auto. So sind wir durch die stockfinstere Nacht gefahren - permanent mit den Augenbinden um. Ich war dreist und habe etwas geguckt, habe so offene Jeeps gesehen mit acht bis zehn Soldaten, schwer bewaffnet mit Wintermontur - wir mit unseren Sommerklamotten - wir waren am nächsten Tag dann alle krank! Es ging dann durch die kalte Nacht, unbeleuchtet durch die Straßen. Ich hatte nur Angst, in einen Gegenangriff zu kommen, denn die sehen auch nicht, wer da gerade fährt! Ohne Beleuchtung fuhren sie weiter aus Angst vor Gegenangriffen.

Aber dann fuhren wir auf den Straßen mit Beleuchtung weiter, halbwegs sicher, nach 1½ Stunden kamen wir in Diyarbakir an, wieder in verschiedenen Stationen. Dort wurden wir in gepanzerte Wagen umgeladen, keiner sagte uns, was mit uns geschieht. Erst danach sind wir in unser Hotel gefahren worden. Jetzt hatte ich das Gefühl: "Jetzt schieben sie uns ab". Es war komisch: Wir versuchten, allen möglichen Leute zu verstehen zu geben, die deutsche Botschaft zu verständigen, weil sie uns abschieben. Da kam der Kommandant herein und sagte: Tschüs, guten Abend noch! Das war ganz merkwürdig!

P. Weymar:
Insgesamt mit Verhör und allem waren es dann elf Stunden, die wir festgehalten worden waren.

G. Stein:
Was habt ihr dann gemacht: Seid ihr nach Hause gefahren?

P. Weymar:
Nein, wir sind erstmal da geblieben. Wir haben versucht, den Taxifahrer freizubekommen. Wir haben auch versucht, Nachrichten in die Dörfer zu bringen, was passiert ist.

G. Stein:
Habt ihr Erfolg gehabt?

P. Weymar:
Ja, jedenfalls ist jemand in den Dörfern gewesen und hat Bescheid gesagt! Zumindest in dem einen Dorf, wo die beiden Jungs erschossen worden sind. Es ist auf jeden Fall zu diesem Zeitpunkt nichts passiert. Man weiß nicht, was später passiert ist.

G. Stein:
Ihr seid 1992 bei früheren Aufnahmen schon einmal in Schwierigkeiten gekommen?

M. Enger:

Ja, es war November 1992, da haben etwas für's ZDF gemacht und waren im Nordirak in Südkurdistan während des sogenannten innerkurdischen Kriegs, also als die PKK gegen irakische Peschmerga zusammen in der türkischen Armee gefochten haben. Wir erfuhren überhaupt nichts und wollten vor Ort recherchieren. Vielleicht Bilder machen und einen kurzen Beitrag irgendwo unterbringen.

Wir haben mit allen Konfliktbeteiligten Parteien geredet: also mit, PUK und KDP, Peschmerga und natürlich auch mit der PKK. Durch Zufall hat sich eine Interviewmöglichkeit mit dem Bruder von Abdullah Öcalan ergeben. Ganz schnell und unkompliziert in einem Hotelzimmer haben wir ein Gespräch mit ihm gemacht. Er hat wohl mitgekriegt: Deutsches Fernsehen, wir haben zuerst mal Ja gesagt. Wir machten es ganz eilig, weil wir zurück mußten nach Diyarbakir, um dort noch eine Geschichte zu Gündem machen. Auf der Rückfahrt sind wir von einem Grenzposten zurückgehalten worden, ohne weitere Erklärung. Dann hieß es: Kommen sie mit zur Polizeistation - dort sind wir erst mal zwei Tage festgehalten worden und wir wußten, die hatten mitgekriegt, was vorgefallen war und waren scharf auf's Material und hatten uns ähnlich wie vor uns Stefan Waldberg verdächtigt, Kurierdienste zu übernehmen. Vor allem den tatsächlichen Kriegsverlauf zu beobachten. Es hieß ja immer, daß die türkische Armee die PKK platt gemacht hat, und es seien 1.000 PKK-Kämpfer gefallen, sie seien ausgelöscht und so weiter. Wir haben uns ein anderes Bild gemacht. Es haben uns alle bestätigt, daß es ganz anders gelaufen ist! Das haben uns die PUK-Leute und die PKK-Leute gezeigt und bestätigt. Wir waren in dem neuen PKK-Lager, an der iranischen Grenze und haben das auch gesehen, die machten nicht den Eindruck einer geschlagenen Guerilla-Armee.

Wir sind dann festgehalten worden von unterschiedlichen Polizeiabteilungen und verhört worden. Erst kamen Uniformierte aus Schirna, dann unterschiedliche Zivile, es gab immer diverse Fax-Kontakte mit dem Außen- und Innenministerium. Uns selber hat man keine Möglichkeit gegeben, Kontakt herzustellen und zu sagen wo wir sind. Schon ging es in der Richtung los: "Wir wollen euer Material sehen, wir wollen dies und jenes sehen, was habt ihr gemacht." Wir haben eigentlich immer eine offensive Schiene gefahren, indem wir sagten: Überlegt euch gut, was ihr mit uns macht. Sie haben uns zwar gedroht, es waren richtige Schränke von Konterguerillas darunter. Sie haben uns aber nicht angefaßt, weil wir gesagt haben, es gibt diplomatische Verwicklungen und ziemlich großen Ärger, wenn ihr einem deutschen Fernsehteam irgendetwas antut.

So waren wir einigermaßen in Sicherheit. Das ging permanent immer so zwischen Verhören - hin und her. Wir haben dann in der Station geschlafen, teilweise auf unserem Material, weil sie wirklich versucht haben, auf verschiedenste Art und Weise an das Material zu kommen. Wir sagten: Die entscheidenden Sachen haben wir gar nicht mehr dabei, die sind längst weg! Wir haben andere Sachen, aber wir sehen nicht ein, daß wir die Euch geben - ihr habt kein Recht, wir sind nur auf dem Transit nach Hause. Wir waren in Südkurdistan und wollten nach Hause reisen.

Aber jetzt hatten sie uns an dem Punkt wo sie sagten: Zeigt ihr uns jetzt das Material oder nicht? Oder wir nehmen es uns. Ich sagte: Heißt das, daß ihr uns körperlich droht und schlagt? Da sagten sie: Ja - sie präsentierten sich mit massiver Drohung. Da sagten wir: Gut wir geben euch das Material! Ganz geheimnisvoll haben sie nun im hinteren Raum die Fenster zugemacht, obwohl wir ganz abgelegen untergebracht waren, also wie die kleinen Kinder haben sie eine Anlage aufgestellt, das klappte dann alles nicht - und als sie dann endlich alles zusammen hatten kam der Befehl: Alles abbrechen! Die waren stocksauer, sie wähnten sich vor dem Punkt, wo sie wirklich alles kriegen konnten, was sie haben wollten und durften nicht. In diesem

Augenblick schaltete sich der türkische Geheimdienst ein, dann wurde es noch mal härter. Mein kurdischer Reisebegleiter, bestens informiert, sagte: Jetzt müssen wir wirklich aufpassen; und das waren auch Jungs von anderem Kaliber.

Uns wurden die Augen verbunden, links und rechts saß einer mit dem Gewehr. Uns wurde befohlen, die Köpfe nach unten zu nehmen, Hände gefesselt, Augen verbunden.- So ging's weiter. Wir kamen dann in einen Raum, dort standen Elektrogeräte rum. Ich hatte sofort die Assoziation: Das sind Geräte, mit denen man Stromstöße austeilen kann. Da mußten wir uns an die Wand stellen. Hinter uns einer mit der Knarre - Totenstille; wir durften nichts sagen. Dann kam einer rein, fragte uns was - ging wieder raus. Die hinter uns spielten mit den Knarren.

Das ist natürlich mörderisch, du darfst dich nicht bewegen - und der hinter dir spielt immer mit seinem Gewehr! Das ist totaler Psychoterror, die wollen dich spüren lassen jetzt lädt er durch und zieht ab. Schließlich kam eine Nachricht: Sie haben nichts in der Hand gegen uns. Bis dahin ging es ziemlich schroff. Sie haben wohl gemerkt, sie haben sich etwas vergaloppiert, das sage ich jetzt im nachhinein - und schon wurde es etwas freundlicher. Ich durfte plötzlich auf dem Sofa sitzen. In perfektem Deutsch kam einer auf mich zu.

Javus, unser Übersetzer, wurde verhört über viele Stunden, sie schrieben und schrieben. Unter Schwerstbewachung haben wir hier auch diese Nacht verbracht und sind am nächsten Tag in die Station zurückgebracht worden.

Dort mußten wir immer auf dem Boden schlafen, Tag und Nacht, es gab auch kaum was zu essen. Zu den uniformierten Bewachern löste sich etwas die Spannung, nachdem wir Tag und Nacht zusammen waren, obwohl die uns anfangs auch am liebsten an die Wand gestellt hätten. Aber durch den regelmäßigen Schichtwechsel - sie kamen und gingen - und wir blieben, das war für die auch ganz eigenartig. So wurden sie immer freundlicher, sie kamen und sorgten auch für uns und brachten uns von gegenüber einmal ein Sandwich, dadurch bekamen wir dann etwas zu essen. Wir hatten ja nichts dabei. Dann sind wir nach Sinupe auf die Polizeistation verfrachtet worden; dort ging's dann weiter mit erkennungsdienstlicher Behandlung. Bis hierhin hatten sie Javus immer noch ganz rausgehalten, weil ich sagte, ich sei verantwortlich, der ist nur mein Übersetzer.

Unter Zwang wurde ich erkennungsdienstlich behandelt, Fingerabdrücke und alles mögliche. Anschließend hieß es: jetzt kommt ihr dann frei, vorher werdet ihr noch vor den Richter gestellt. Mittlerweile war es dann schon stockfinstere Nacht. Als wir dann in den "Gerichtssaal" kamen, es gab da nur eine Funzel. Ich konnte kaum etwas sehen. Dort ging es im Schnellverfahren. Der Richter hat mich dann freigelassen, nicht freigesprochen. Ich konnte nichts verstehen von dem Armeedolmetscher. Javus durfte nicht dabei sein. Dem Armeedolmetscher war die ganze Sache ziemlich peinlich, aber er bemühte sich wenigstens. Später kamen dann die Polizisten, die mich vorher fast gelyncht hätten, zu mir und waren "scheißfreundlich". Einer von ihnen, der mich vorher am liebsten an die Wand gestellt und verprügelt hätte, ein ganz Großer, und der jetzt merkte, daß er nicht weiterkam, der kam auf mich zu - nahm mich in den Arm und küßte mich!

Zu Hause habe ich dann erfahren, daß ich tatsächlich nicht freigesprochen wurde, sondern daß man versuchte, vor dem Staatssicherheitsgericht gegen mich einen Prozeß anzustrengen. Das habe ich von einem erfahren, der hier Radio gehört hat - ich wußte dies alles gar nicht. Wir haben dann von hier aus einen Anwalt beauftragt, der hat nocheinmal nachgefragt und es war tatsächlich so.

G. Stein:
… und das alles wegen Öcalan?

M. Enger:
Wahrscheinlich; oder wegen des Kontaktes zu PKK. Wir kannten die Geschichte von Stefan Waldberg ja auch, wir mußten immer aufpassen. Ich hatte immer das Gefühl: Jetzt schieben sie uns etwas unter. Das war zwar Wochen her, aber warum sie den "hochgenommen" hatten, das wußten wir natürlich auch! Man ist ja sehr schnell in dieser Ecke.

Bärbel Narnhammer (43) ist seit 1990 Mitglied im Bayerischen Landtag. Die SPD-Abgeordnete hat im Oktober 1991 den Verfasser auf einer Informationsreise nach Diyarbakir und in die kurdischen Gebiete im Nordirak begleitet. Auf dieser Reise lernte sie auch Hassan Özgün, einen Journalisten der pro-kurdischen Zeitung "Özgür Gündem" kennen. Zusammen mit einem Pulk türkischer Journalisten beobachteten sie im irakischen Diana die Freilassung einer Gruppe von türkischen Soldaten, die von der PKK gefangengenommen worden waren. Weil es bei dieser Aktion fast zu einem Gefecht zwischen PKK-Guerillas und kurdischen Peschmergas gekommen wäre, wurde die deutsche Abgeordnete - unfreiwillig - als "Vermittlerin" eingespannt und prompt zusammen mit einem ZK-Mitglied der PKK von der anwesenden türkischen Presse photographiert.

Im August 1992 erklärte sich die Abgeordnete bereit, ein Hilfsprojekt für den Wiederaufbau des zerstörten Iraks zu unterstützen. Konkret ging es um den Bau dreier Grundschulen in der Provinz Dohuk in irakisch-Kurdistan. Am 2.August 1992 reiste Bärbel Narnhammer - mit 20.000 Dollar Spendengeldern im Gepäck - nach Istanbul: dort sollte sie sich mit einem Berliner Vertreter des Projektes - einem iranischen Kurden namens Serush treffen. Die beiden hatten vor, unverzüglich nach Diyarbakir zu fliegen, um von dort per Bus in den Irak zu fahren. Zuvor hatte der Verfasser dieses Buches mit seinem Kollegen Hassan Özgün telephoniert und ihn gebeten, die beiden an die irakische Grenze zu begleiten. In diesem - offensichtlich abgehörten - Telephongespräch ging es auch um eine von Gottfried Stein geplante Reise in ein PKK-Lager im Irak. Hassan Özgun hatte aus solchen Lagern des öfteren berichtet: wegen seiner pro-kurdischen Haltung war er den türkischen Behörden längst ein Dorn im Auge.

Bärbel Narnhammer:
Serush war schon da, als ich um ca. 2.30 Uhr in Istanbul ankam. Bevor es dann weiter nach Diyarbakir ging, haben wir die restliche Nacht bis um 6.00 Uhr früh am Flughafen verbracht. Am Morgen dann erzählte man uns am Schalter, daß es keine zwei Plätze in der Maschine mehr gibt, daß Serush nach Batman muß, und ich weiter nach Diyarbakir, da ich eine Platzreservierung hatte. Also hat man uns in Istanbul bereits getrennt. Wir verabredeten uns also an der türkisch-iranischen Grenze, da es kein Problem wäre, wenn ich alleine nach Diyarbakir führe. Ich kannte mich ja aus, und hatte dort auch Freunde. So flog ich über Ankara, und kam dann in Diyarbakir um ca. 11.00 Uhr an.

G. Stein:
War die Maschine voll?

B. Narnhammer.:
Die Maschine war halb leer, und auch Serush erzählte hinterher, daß auch seine Maschine leer war. Als ich nun in Diyarbakir ankam, traf ich einen Deutschen, der auch nach Kurdistan wollte. Er reiste eigentlich ziel- und planlos, hatte auch nur einen Rucksack dabei, und wir gingen zusammen zur Gepäckausgabe. Dort dauerte es ziemlich lange, und ich wartete, und wartete, bis sich herausstellte, daß mein Gepäck gar nicht angekommen war. Völlig hilflos ging ich an den Schalter, wo sie mir klarmachten, daß ich ins Turkish Airlines Office muß. So fuhr ich also mit dem Taxi ins Turkish Airlines Büro, wo ich mein Gepäck genau beschreiben mußte. "Wir schicken ein Fax nach Ankara," haben sie mir erzählt, "das Gepäck kommt mit der 15.00 Uhr Maschine an." Ich könnte meine Sachen entweder am Flughafen, oder im Büro der Turkish Airlines abholen. Dann wunderte ich mich, denn der Mann in dem Büro sagte, er faxe die Mitteilung sofort nach Ankara, aber er schob den

Zettel in irgendeine Schublade. Mit dem Taxi bin ich dann zu einer öffentlichen Telefonzelle vor der Post gefahren, um Hassan [Özgün], den kurdischen Journalisten, anzurufen. Hassan holte mich in einem als Taxi getarntem Auto ab, und brachte mich ins Hotel, weil ich hundemüde war. Ich gab ihm Fotos von unserem ersten Besuch in Kurdistan, wo er mit Vertretern des Zentralkomitees der PKK abgebildet war, zusammen mit Gottfried Stein und mir. Im Nachhinein war das mein großes Glück, daß ich diese Fotos nicht mehr bei mir hatte. Nachdem ich mich im Hotel ausgeschlafen hatte, wollte mich Hassan abholen, um mein Gepäck zu holen, und um mir die Stadt zu zeigen. Durch Hassan erfuhr ich, daß ich heute nicht mehr an die türkisch-irakische Grenze kommen würde, da am Abend kein Bus mehr fährt. Deswegen beschloß ich, mit dem ersten Bus nach Cizre am nächsten Morgen zu fahren, und dann weiter mit dem Taxi zur Grenze. So wartete ich um ca. 15.30 Uhr in der Hotelhalle auf Hassan, mit Fotoapperat und allem, aber er kam nicht. Dafür kamen nach einiger Zeit drei in Zivil gekleidete, bewaffnete Männer an die Rezeption, schauten mich an, und redeten mit dem Hotelmanager. Plötzlich gab ihnen der Hotelmanager meinen Zimmerschlüssel. Ich stand auf und fragte, was das solle. Sie deuteten mir, daß ich mitkommen sollte, und wir gingen auf mein Zimmer. Dort durchsuchten sie den ganzen Raum, rissen Schubläden und Schränke auf, zogen die Bettdecke weg, durchwühlten noch meine Gürteltasche mit meinem privaten Geld, und meinen Rucksack mit den 10.000 Dollar drinnen (die anderen 10.000 Dollar waren in der Reisetasche). Dann drückten sie mir den Rucksack in die Hand, drängten mich aus dem Hotel, zu einem Polizeiauto und erklärten, daß ich mit zur Polizei kommen muß.

G. Stein:
Haben Sie sich ausgewiesen oder kenntlich gemacht?

B. Narnhammer:
Nein, aber dazu haben sie mich auch viel zu sehr eingeschüchtert. Sie kamen mit ihren Pistolen im Gürtel, sind auch sehr martialisch aufgetreten, so das ich es gar nicht gewagt hätte, etwas gegen sie zu sagen.

Zu diesem Zeitpunkt war mir auch nicht klar, was die Polizei von mir wollte. Immer wieder ging es mir durch den Kopf, daß es etwas mit meiner Tasche auf sich hatte. An der Polizeistation angekommen, schickten sie mich in eine kleine, ziemlich schmutzige Kammer, mit furchtbar heruntergekommenen Möbeln. Nachdem die Polizisten erst einmal untereinander geredet hatten, kam ein Dolmetscher, der Englisch sprach, und mir übersetzte, daß bald eine Polizistin kommen würde. Diese Polizistin kam dann auch, bewaffnet und uniformiert, machte Leibesvisitation und packte meinen Rucksack und meine Gürteltasche nochmal vollständig aus. Dann sind einige Männer mit meinem Terminkalnder und meinen Ausweisen, einschließlich Abgeordnetenausweis verschwunden, und machten Fotokopien davon.

G. Stein:
Wie haben Sie sich verständigt?

B. Narnhammer:
Zunächst verständigten wir uns auf Englisch, bis ich sagte, daß das mir das zu blöd sei, und dann kam ein deutschsprechender Dolmetscher. Nun fing das Verhör an, bei dem ich weder telephonieren noch alleine auf die Toilette durfte. Ich stand unter ständiger Bewachung der Frau.

"Wie und wann sind sie von München abgeflogen? Wie war ihr genauer Weg nach Diyarbakir?" - fragten sie mich mehrmals, und: "Was war die genaue Uhrzeit?" Darauf antwortete ich ihnen: "Aber das wißt ihr doch, das steht doch alles auf meinem Ticket! Das die Maschine später abgeflogen ist, dafür kann ich ja nichts!" Die Maschine nach Diyarbakir hatte nämlich Verspätung, weil einzelne Gepäckstücke von Passagieren nicht zugeordnet werden konnten. Außerdem fragten sie noch, wo mein Gepäck sei. Ich antwortete darauf, daß ich es nicht weiß, und fragte sie wiederrum, ob sie das Gepäck hätten. Keine Antwort. Dann fragten sie noch, wen ich in Diyarbakir getroffen habe, wer mich am Flughafen abgeholt hat. - Ich sagte, daß mich niemand am Flughafen abgeholt hat. So in diesem Stil ging das dann endlos weiter...

G. Stein:
Sind Sie von Anfang an beobachtet worden?

B. Narnhammer:
Ja, ich bin mir ganz sicher, daß die mich von der Landung in Istanbul ab beobachtet haben. Auf die Frage, wen ich in Diyarbakir getroffen habe, antwortete ich: "Einen Bekannten." "Hassan!", sagten die Polizisten nach einer Weile." "Ja, Hassan", erwiderte ich. Dann ging die Fragerei von vorne los: Wie heißt Hassan noch? Was arbeitet Hassan? - Hassan ist Journalist, mehr weiß ich nicht! Plötzlich sagten sie: Hassan ist PKK-Mitglied, und das weißt du! - Ich bin kein PKK-Mitglied, und ob Hassan eines ist, weiß ich nicht. Nun sollte ich unterschreiben, daß Hassan PKK-Mitglied ist, denn dann würden sie mich sofort in ein Flugzeug nach Deutschland schicken. Wenn ich das aber nicht mache, und weiter nach Kurdistan fahre, dann würde ich von der Hisbollah erschossen werden, da die schon lange darauf warten, Freunde von Hassan zu töten. Sie haben mir ganz klar und unmißverständlich zu verstehen gegeben, daß ich der Hisbollah ausgeliefert werden würde.

G. Stein:
Aber sie haben nicht gesagt, daß sie Sie beschützen werden?

B. Narnhammer:
Nein. Sie drückten ganz klar aus, daß sie mich nicht beschützen können, denn sobald ich die Polizeistation verließe, sei ich praktisch Zielscheibe für die Hisbollah. Wenn ich doch in den Irak kommen würde, hätte ich nach ihrer Auffassung Kontakt zur PKK. Ich dürfe außerdem nie wieder in die Türkei kommen. So ging das Verhör endlos weiter, immer wieder von vorne, immer wieder das gleiche, von der Landung in Istanbul, über das Treffen mit Hassan bis zu meinem Hotel.

G. Stein:
Sie haben also psychischen Druck auf sie ausgeübt.

B. Narnhammer:
Ja, sie haben ständigen Druck auf mich ausgeübt. Alle bis auf den Dolmetscher waren in Zivil und saßen in einem wahnsinnig kleinen, stickigen, ca. 9 qm großen Raum, ohne Klimaanlage (im August) um mich herum. Vor allem war es nicht sehr angenehm, als sie eine Pause machten, ihre Pornohefte rausnahmen, und sich fürchterlich amüsierten. Nach dieser kleinen Pause ging das Verhör wieder von vorne los, wieder, wieder, wieder …

Als sie endlich mit dem Verhör fertig waren, sollte ich ein Protokoll unterschreiben, daß nicht in meiner Gegenwart, sondern schon im Voraus gefertigt worden war. Wenn ich das machte, sagten sie, wäre alles in Ordnung, ich könnte dann zurück nach Deutschland, und sie würden mir dann auch glauben, daß ich kein PKK-Mitglied bin. Als ich mir dann das auf türkisch geschriebene Protokoll anschaute, konnte ich nur die beiden Wörter "Hassan" und "PKK" entziffern. "Nein, das unterschreibe ich nicht!" Jetzt machten sie mir klar, daß ich dann nicht weg dürfe, und als ich fragte, ob ich die deutsche Botschaft in Ankara anrufen könnte, kam die Ausrede: "Da ist niemand mehr". Sie müßten noch auf ein Fax aus Ankara warten, denn erst dann können sie mich freilassen. So war ich für's erste beruhigt, doch als das Fax um 20.00 Uhr noch nicht da war, fragte ich: "Ja, wo ist denn nun das Fax?" - "Das kommt heute nicht mehr, sie sind heute Gast der Polizei."

Ich kannte die türkischen Gesetze und wußte, daß man eine Person drei Tage ohne Anwalt festhalten konnte, mit Anwalt 15 Tage, was ich ihnen auch klar machte. Sie sagten nur, daß es sie nicht interessiere, was in Ankara beschlossen wurde. Hier könnten sie mich länger festhalten, da das hier die Ausnahmeregion sei. Da ich ja jetzt "Gast der Polizei" war, brachten sie mich auf eine Wachstation mit wahnsinnig grellem Neonlicht und mit ständigem Funk- und Besucherverkehr. Ich könne glücklich sein, sagte der Dolmetscher, denn extra meinetwegen würden sie eine Beamtin aus dem Urlaub holen, die die Nacht über bei mir bliebe. Auf die Frage dieser mittlerweile angekommenen Beamtin, ob ich was essen wolle, antwortete ich nur, daß das eigentlich jetzt gar nicht so schlecht wäre. Dann nahm sie mir mein in türkische Lira umgetauschtes Geld, und ging fort, um mir was zu Essen und Zigaretten zu holen. So aß ich mit den zwei anderen Polizisten zusammen die nicht gerade üppige Mahlzeit. Als ich nun todmüde war, stellten sie mir vier Stühle hin, und waren sogar so freundlich, mir eine Decke zu bringen. So versuchte ich, auf diesen vier Stühlen und auf meinem als Kopfkissen präparierten Rucksack zu schlafen. Die Polizeibeamtin telefonierte ständig, und aus ihren Worten konnte ich entnehmen, daß sie etwas von einer Deutschen, die sie bewachen mußte sprach. Zu diesem Zeipunkt hatte ich zum ersten Mal Angst. Ich dachte mir, was machst du jetzt, wenn die zu einem Kollegen sagt, schau mal, hier hab' ich 'ne Deutsche, mach mit ihr was du willst.

Plötzlich, so um ca. 23.30 Uhr kam sie zu mir und sagte, daß ich meine Schuhe anziehen solle, wir würden in ein Hotel fahren. Nun war ich dermaßen erleichtert, und ich dachte mir,

Gott sei Dank, jetzt ist der Spuk vorbei. Doch das war dann doch nicht so...

Als wir nun im Hotel ankamen, fragte ich den englisch sprechenden Manager, ob mein Gepäck jetzt endlich angekommen sei. Der Polizist schaute den Manager nur an, und aus ihren Blicken und Gesten konnte ich erkennen, die haben längst das Gepäck. Jetzt fragte ich, ob ich denn endlich telefonieren dürfe, daraufhin schrie mich der Polizist ganz kategorisch an: "Nein". Dann bin ich mit der Beamtin auf das Hotelzimmer gegangen, wo ich wenigstens duschen konnte und mich völlig erschöpft ins Bett legte. Die Polizistin drehte den Fernseher auf höchste Lautstärke, um wach zu bleiben. Wie die da saß vor dem lauten Fernseher und ständig rauchte, das war wirklich zum Durchdrehen! Zum Glück kam dann ein Polizist rein, der mir zwar erneut meinen Ausweis abnahm, aber die Beamtin rausholte, die jetzt draußen Stellung halten sollte. Alleine im Zimmer, dachte ich mir, wenn die jetzt mein Gepäck haben, dann bringen die mich sicherlich gleich morgen früh zur 9.00 Uhr Maschine nach Deutschland. Das war das Letzte, was ich an diesem Abend dachte. Voller Hoffnung stand ich ganz früh auf, um diese Maschine ja nicht zu verpassen. Es wurde 8.00 Uhr, 8.30 Uhr, 9.00 Uhr, und es wurde wieder nichts mit der Maschine nach Deutschland. Sie hatten mich wieder belogen. Nach 9.00 Uhr holten sie mich ab und brachten mich wieder zur gleichen Polizeistation, wieder in den gleichen Raum, wieder zu den gleichen Leuten. Der Dolmetscher fing zu schimpfen an, denn er hätte normalerweise frei, hätte Freunde zu Hause, und wegen mir so viel Arbeit! Irgendwann kam dann mal der Chef, und es fing alles von vorne an: Wieder dieselben Fragen, und auf einmal war meine Reisetasche da. Sie packten die ganze Tasche aus, um die Sachen zu registrieren, und zu guter letzt durfte ich alles wieder einpacken. Die 10.000 Dollar, die ich unter dem Bodeneinsatz versteckt hatte, fanden sie zum Glück nicht.

G. Stein:
Wie lange hat denn diese nochmalige Befragung gedauert?

B. Narnhammer:
Diese nochmalige Befragung dauerte bis Mittags, worauf ich fragte, weshalb ich eigentlich hier sei. Doch darauf habe ich im Prinzip keine Antwort bekommen. Dafür legten sie mir einen Zettel vor, den ich unterschreiben sollte, der sich angeblich um die Sachen aus meiner Tasche drehte. Als der Dolmetscher, nach meiner Aufforderung, den Zettel übersetzte, überlas er schon mal den ersten Absatz. Die anderen Sätze handelten sich, wie er sagte, um die Sachen aus meiner Tasche. Jetzt wollte ich mir das Papier selber anschauen, und sah wieder die Wörter: "Hassan" und "PKK". Als ich ihnen klar und deutlich sagte, daß ich das nicht unterschreibe, kamen sie nach einer Weile mit einem Aktendeckel, den sie an der rechten, unteren Seite hochhoben, festhielten und sagten, daß ich jetzt unterschreiben solle.

Gegen Mittag kam ein Mann herein, der offenbar über dem Kommissar stand, da alle furchtbar zackig aufstanden, als er den Raum betrat. Dieser Offizielle setzte sich jetzt in den Chefsessel und sagte: "Wir wissen, daß Hassan PKK-Mitglied ist, und wir wissen, daß Gottfried Stein PKK-Mitglied ist". Ich sprang so wütend auf, daß mich drei Polizisten packten, und zurück auf den Sitz warfen. Zu diesem Zeitpunkt kamen mir dann zum ersten Mal die Tränen, denn was sollte das?

G. Stein:
Haben sie dann erklärt, was das sollte?

B. Narnhammer:
Sie sagten, das sie ein Telefongespräch von Hassan und Gottfried Stein abgehört hatten, in dem Gottfried Stein Hassan erzählte, daß er nach Diyarbakir kommen will, und was er da macht.

Dann ging die Fragerei erneut von vorne los: Wer ist Gottfried Stein? Was macht er? Ich erklärte, Gottfried Stein sei ein Journalist aus München.

G. Stein:
Es ging also nicht um das Geld?

B. Narnhammer:
Es ging nicht um das Geld, es ging nicht um meine Reisetasche, ich sollte ganz klar unterschreiben, daß Hassan und Gottfried Stein PKK-Mitglieder sind. Sie drohten erneut damit, daß ich ins Gefängnis komme, wenn ich nicht unterschreibe. Als ich sagte: "Das geht nicht, ihr könnt mich nicht ins Gefängnis stecken," telephonierte der Chef und sagte, daß das bereits der Richter sei und der sagte, ich müsse jetzt ins Gefängnis. Also dieser Chef, der bei Leibe nicht so sanft war wie der Kommissar, übte ganz massiven Druck auf mich aus. Während des Verhörs trommelte er die ganze Zeit mit den Fäusten auf den Tisch, stand auch immer wieder auf, und ging drohend auf mich zu. Je mehr ich mich weigerte, desto mehr wurden die anderen Polizisten von dem Chef eingeschüchtert. Dann irgendwann zwischen 14.00 und 15.00 Uhr gab er mir den Telefonhörer, an dem jemand von der deutschen Botschaft dran war. Erst jetzt erfuhr ich, daß der türkische Außenminister bereits zweimal in Diyarbakir interveniert hatte. Ich habe das sofort dem Dolmetscher mitgeteilt. Er hat wörtlich gesagt "das interessiert uns hier nicht, was Ankara sagt. Ankara ist weit weg." Es ging jetzt nur noch darum, daß ich jetzt ein Protokoll unterschreiben sollte, was ich jedoch, wie mir auch der Botschafter am Telephon riet, nicht machte, da ich es nicht lesen konnte. Der Botschafter riet mir dann noch, wenn sie mich zwingen, das Protokoll zu unterschreiben, das ich dann eine deutsche Übersetzung verlangen sollte. Danach ging es wieder weiter, immer dieser Druck, das Schriftstück zu unterschreiben. Nach dem ich auf dem

deutschen Protokoll bestand, und der Chef nach langer Diskussion sein Einverständnis dazu gab, sah das ganze ungefähr so aus:

Der Chef diktierte die Fragen, der Dolmetscher übersetzte sie, ich schrieb sie auf ein Blatt,und zwar immer mit FRAGE, dann kam die Frage, ANTWORT, und dann kam meine Antwort. Dann kam eben diese alles entscheidende Frage, die so lautete: Hassan und Gottfried Stein sind PKK-Mitglieder. - Das ist keine Frage, sondern eine Feststellung, habe ich gesagt, ich diktiere das als Frage: Sind Hassan und Gottfried Stein PKK-Mitglieder? -Hassan: Ich weiß es nicht. Gottfried: Nein. Das wollte er erst nicht gelten lassen, doch nach einer Viertelstunde hat er dann doch aufgegeben. Das hat ihn sehr bedrückt, denn das war die alles entscheidende Frage, um die er die ganze Zeit gekämpft hatte. Bevor ich dann endgültig gehen durfte, hat der Dolmetscher nochmal alles ins Türkische übersetzt, und ich habe nochmal zwei Schriftstücke vorgelegt bekommen, in denen stand, daß ich meine Sachen wieder bekommen habe, und daß ich nicht gefoltert wurde. Sie haben mir allerdings nicht erklärt, warum ich das unterschreiben sollte. Zum Schluß haben sie mir mein Gepäck in die Hände gedrückt, und mir gezeigt, wo die Türe ist. So stand ich also auf der Straße, völlig verwirrt, völlig verängstigt, völlig erschöpft, und habe dann ein Taxi geholt, und bin zu meinem Hotel gefahren.

Von dort hat mich dann ein Sekretär des deutschen Botschafters mit dem Auto abgeholt und nach Ankara gebracht, direkt zum Flughafen, und mir gesagt, daß ich nicht mehr länger hier bleiben dürfe, und am Besten die nächsten zwei Jahre nicht mehr die Türkei besuchen solle. Er sagte, daß es "diplomatische Verwicklungen " gegeben hätte und der Fall in der internationalen Presse viel Staub aufgewirbelt hätte. Außerdem erklärte er mir noch, wie es zu meiner Freilassung gekommen war. Hassan hatte meine Festnahme beobachtet und sofort Gottfried Stein in München angerufen. G. Stein hat daraufhin das Außenministerium in Bonn, die deutsche Botschaft in Ankara und die SPD-Zentrale verständigt. Es wurde also von Anfang an diplomatischer Druck auf die Türkei, auf ihre Botschaft in Bonn und direkt über das Büro von Bundesaußenminister Kinkel Druck auf die türkischen Behörden ausgeübt.

G. Stein:
Sie sind Abgeordnete, meinen Sie, daß es ihnen schlechter ergangen wäre, wenn sie nicht diese Position gehabt hätten?

B. Narnhammer:
Ja, mit Sicherheit. Von Anfang an wurde diplomatischer Druck auf die Türkei ausgeübt. Wenn niemand erfahren hätte, daß ich verhaftet worden bin, wie hätte ich das der Außenwelt mitteilen können? Kein Mensch wäre da gewesen! So waren die deutschen Behörden von Anfang an verständigt. Trotzdem durfte ich nicht telephonieren, und die Botschaft hat mehrere Male vergeblich versucht, mit mir Kontakt aufzunehmen. Selbst die Intervention des türkischen Außenministers hat zunächst nichts bewirkt. Daß ich nachts in einem Hotel untergebracht worden bin, war ohnehin ein außergewöhnliches Privileg.

G. Stein:
Haben Sie das festgestellt: War das normale Polizei, war das Geheimpolizei, war das diese berüchtigte Konterguerilla?

B. Narnhammer:
Ich hatte das Gefühl, daß irgendwie alle beteiligt waren. Der "Oberkommissar", der mir so massiv mit Gefängnis gedroht hatte, verwies immer wieder auf den Militärgouverneur. Es waren normale Polizisten in Uniform und zivil gekleidete Geheimpolizei. Die sind dort alle im gleichen Gebäude untergebracht. Sie arbeiten alle eng zusammen.

Abkürzungsverzeichnis

ADYÖD	Revolutionärer Hochschulverein Ankaras
ARGK	"Artesa Rizgariya Gele Kurdistan" (Volksbefreiungsarmee Kurdistans)
DEP-Partei	"Partei der Demokratie"
DYP	Partei des rechten Weges
ERNK	"Eniya Rizgariya Netewa Kurdistan" (Nationale Befreiungsfront Kurdistan)
FEYKA-Kurdistan	"Föderation der Patriotischen Arbeiter- und Kulturvereinigungen aus Kurdistan in der Bundesrepublik"
HEP-Partei	"Volkspartei der Arbeit" (pro-kurdisch)
Hevgirtin PDK	"Demokratische Partei Kurdistans-Hevgirtin"
HRK	Befreiungseinheiten Kurdistans
HUNERKOM	"Verein der patriotischen Künstler aus Kurdistan"
IHD	Türkischer Menschenrechtsverein
KDP	Irakisch-Demokratische Partei Mazud Barzanis
KOMMKAR	"Föderation der Arbeitervereine aus Kurdistan in der Bundesrepublik Deutschland"
MHP	Partei der nationalen Bewegung
MIT	Türkischer Geheimdienst
PDK-Irak	Kurdische Nationalbewegung im Nord-Irak
PKK	Partiya Karkeren Kurdistan, Arbeiterpartei Kurdistan
PSK	"Sozialistische Partei Kurdistans"
PUK	"Patriotische Union Kurdistans" (irakisch-kurdische Organisation)
SHP	Sozialdemokratische Volkspartei
TEVGER	Kurdische Befreiungsbewegung
YEK-KOM	"Föderation kurdischer Vereine in Deutschland"
YJWK	"Patriotischer Frauenverband"
YKWK	"Union der patriotischen Arbeiter"

| YRWK | "Verein der patriotischen Intellektuellen Kurdistans" |
| YXK | "Jugend- und Studentenverband" |

Register

217